INTERMEDIATE SPANISH: A GRAMMAR AND WORK[

Intermediate Spanish comprises an accessible and practical grammar with related exercises in a single volume.

This text is designed for learners who have achieved basic proficiency and wish to progress to more complex language. Each of the units combines concise grammar explanations with examples and exercises to help build confidence and fluency.

Features include:

- clear explanations of Spanish grammar
- cross-referencing throughout
- helpful tips on learning specific grammar points
- cultural briefs at the end of each unit, providing examples of the grammar in use as well as an insight into contemporary Spanish and Latin American culture

Suitable for students learning with or without a teacher, *Intermediate Spanish*, together with its sister volume *Basic Spanish*, forms a structured course in the essentials of Spanish grammar.

Irene Wilkie and **Carmen Arnaiz** are both Senior Lecturers in Spanish and Linguistics at the University of the West of England, Bristol.

Titles of related interest published by Routledge:

Basic Spanish: A Grammar and Workbook
Carmen Arnaiz and Irene Wilkie

Modern Spanish Grammar: A Practical Guide
Juan Kattán-Ibarra and Christopher J. Pountain

Modern Spanish Grammar Workbook
Juan Kattán-Ibarra and Irene Wilkie

Spanish: An Essential Grammar
Peter T. Bradley and Ian MacKenzie

Colloquial Spanish
Untza Otaola Alday

Colloquial Spanish 2
Untza Otaola Alday

Colloquial Spanish of Latin America
Roberto Rodriguez-Saona

Colloquial Spanish of Latin America 2
Roberto Rodriguez-Saona

Other titles available in the Grammar Workbook series are:

Basic Cantonese
Intermediate Cantonese

Basic Chinese
Intermediate Chinese

Basic German
Intermediate German

Basic Italian

Basic Polish
Intermediate Polish

Basic Russian
Intermediate Russian

Basic Spanish
Intermediate Spanish

Basic Welsh
Intermediate Welsh

INTERMEDIATE SPANISH:
A GRAMMAR AND
WORKBOOK

Irene Wilkie and Carmen Arnaiz

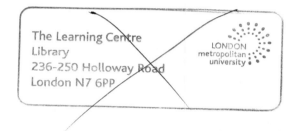

Routledge
Taylor & Francis Group

LONDON AND NEW YORK

First published 2008
by Routledge
2 Park Square, Milton Park, Abingdon, OX14 4RN

Simultaneously published in the USA and Canada
by Routledge
270 Madison Ave, New York, NY 10016

Routledge is an imprint of the Taylor & Francis Group, an informa business

© 2008 Irene Wilkie and Carmen Arnaiz

Typeset in Sabon by
Florence Production Ltd, Stoodleigh, Devon

Printed and bound in Great Britain by
Antony Rowe Ltd, Chippenham, Wiltshire

British Library Cataloguing in Publication Data
A catalogue record for this book is available from the British Library

Library of Congress Cataloging-in-Publication Data
Arnaiz, Carmen.
  Intermediate Spanish: a grammar and workbook/Carmen
  Arnaiz and Irene Wilkie.
      p. cm.
  1. Spanish language – Textbooks for foreign speakers – English.
  2. Spanish language – Verb.   3. Spanish language – Grammar.
  I. Wilkie, Irene.   II. Title.
  468.2'421—dc22   PC4112.A785 2007
  2006102524

ISBN10: 0–415–35502–8 (pbk)
ISBN10: 0–203–0059–1 (ebk)

ISBN13: 978–0–415–35502–5 (pbk)
ISBN13: 978–0–203–00159–2 (ebk)

CONTENTS

INTRODUCTION

This is the follow-up to *Basic Spanish* by the same authors and follows the same format – grammatical explanations, exercises with answer key and cultural briefs to encourage reading comprehension and give a wider cultural understanding of Spanish-speaking countries. It should be useful to those with a sound understanding of basic grammar who now wish to move on to more advanced structures. The grammar is introduced in a clear, accessible way with grammatical explanations kept to a minimum, and a Glossary of grammatical terms is included for reference. This volume is not intended to be a comprehensive grammar book containing all exceptions and minor idiosyncracies of the language – students should consult a grammar book such as *Modern Spanish Grammar* (Kattán-Ibarra and Pountain), also published by Routledge, for a full explanation.

The vocabulary used is contemporary and focuses predominantly on peninsular Spanish, but the cultural briefs contain information about Latin American countries and cultures. A vocabulary list for reading texts is provided at the end of each unit, but you may need to consult a good bilingual dictionary for some of the vocabulary used in the exercises. An answer key to all exercises can be found at the end of the book.

This book will be useful to students wishing to study independently to improve their command of more complex structures in Spanish and will also provide a useful grammatical accompaniment to a more communicative, teacher-led course.

UNIT ONE
Expressions of time

There are a number of constructions which are used in Spanish to express relationships in time between different actions, i.e. when one action took place in relation to another.

The most straightforward of these are the ones which use the infinitive. For example:

antes de + *infinitive*   before . . . ing

Antes de salir, apagamos la tele.
Before leaving, we switched off the TV.

después de + *infinitive*   after . . . ing

Después de terminar el trabajo, fuimos al cine.
After finishing the work, we went to the cinema.

al + *infinitive*   on . . . ing

Al ver la hora, salimos en seguida.
On seeing the time, we left immediately.

acabar de + *infinitive*   to have just . . .

Acabamos de cenar.
We have just had supper.

NB: **acabar** can be used in the imperfect tense with the meaning 'had just . . .'

Acababa de llegar.
I had just arrived.

When we want to express an action which started in the past and is still going on, e.g.

> I have been reading the newspaper for two hours
> (and I am still reading it)

there are three possible constructions which we can use in Spanish, all of which require a present tense – the logic being that the action is still going on, therefore the most appropriate tense is the present.

These constructions are very different from English and need to be studied carefully.

Present tense of the verb + desde hace + *length of time*

Example: **Estudio el español desde hace tres años.**
I have been studying Spanish for three years.

hace + *length of time* + *present tense of the verb*

Example: **Hace tres años que estudio el español.**
I have been studying Spanish for three years.

The present continuous tense may also be used with the above constructions, but tends to suggest that the action has literally been going on uninterrupted for the specified period of time:

Example: **Hace diez minutos que estoy esperando el autobús.**

Estoy esperando el autobús desde hace diez minutos.
I have been waiting for the bus for ten minutes.

Present tense of llevar + *length of time* + *gerund:*

Example: **Llevo tres años estudiando el español.**
I have been studying Spanish for three years.

The corresponding question forms for the above constructions are:

¿Desde hace cuánto tiempo estudias el español?

¿Hace cuánto tiempo que estudias el español?

¿Cuánto tiempo llevas estudiando el español?
How long have you been studying Spanish?

These constructions can also be used in the past tense with the meaning 'had been ... ing' (and still was). The imperfect tense of the verb is used instead of the present in such cases:

Estudiaba el español desde hacía tres años.

Hacía tres años que estudiaba el español.

Llevaba tres años estudiando el español.
I had been studying Spanish for three years.

NB: **hace** is a part of the verb **hacer** and so must change to **hacía** when the construction is used in the past tense.

Exercise 1.1

Change the sentences as in the example. Be careful with the logical connection of ideas depending on the time expression you are asked to use:

    Example: **Juan y Marta salieron de trabajar y fueron al cine.**
                  al
                  Al salir de trabajar, Juan y Marta fueron al cine.

1 Pedro compró una entrada para el partido, luego la perdió.
    después de

2 Laura y Rocío fueron a montar a caballo, luego comieron juntas.
    antes de

3 Mi hermana y yo recordamos que era el cumpleaños de Pepe y le compramos un regalo.
    al

4 Natalia llamó a Ana, luego habló con su novio.
    antes de

5 Mario y Angel jugaron al golf, luego se tomaron una copa con sus amigos.
    después de

6 Loreto y Mar recibieron la invitación y se pusieron muy contentas.
    al

7 ¿Fueron Uds a la reunión y luego a su hotel?
    ¿Antes de

8 Mi madre recibió la noticia y se puso a llorar.
    al

9 No invitaron a Carmen, luego la vieron en el mismo restaurante donde estaban cenando.
después de

10 María y Rafael se casaron, luego se fueron a vivir a Mallorca.
antes de

Exercise 1.2

Complete the following sentences in Spanish with the information given in brackets.

1 _____ cuando recibieron la noticia. (They had just arrived)

2 _____ la cena. (They have just served)

3 ¿_____ a Juan? (Have you just met . . .?)

4 _____ cuando me llamó.
(I had just spoken to you)

5 _____ tu carta.
(She has just sent)

6 _____ cuando cancelaron el concierto.
(We had just bought the ticket)

7 _____ a tu hermano.
(We have just seen)

8 _____ cuando llegó.
(They had just read his message)

Exercise 1.3

Answer the following questions in Spanish with the time information given in brackets.

1 ¿Desde hace cuánto tiempo vive Ud en Madrid?   (3 años)

2 ¿Hace cuánto tiempo que conoces a Reyes?   (6 meses)

3 ¿Cuánto tiempo llevan jugando al tenis?   (4 horas)

4 ¿Hace cuánto tiempo que vosotros no coméis carne?   (12 años)

5 ¿Desde hace cuántos meses estás enfermo?   (5 meses)

6 ¿Hace cuántos años que ellos no ven a su hermana?   (20 años)

7 ¿Cuántas semanas llevan construyendo esa casa?   (8 semanas)

Exercise 1.4

Complete the sentences with the appropriate time expression (**hace**, **desde hace**, **llevar**). You may have to use past tenses.

1 _____ tres años que estudio español.
2 _____ dos horas que te espero.
3 _____ cuatro meses salgo con Juan.
4 _____ trece años que soy vegetariano.
5 _____ tres días no me siento bien.
6 Han cerrado la tienda _____ cinco minutos.
7 Trabajaba en Barcelona _____ siete meses.
8 Cuando murió _____ quince años enfermo.
9 En 1986 _____ diez años que no veía a sus padres.
10 Ya _____ dieciocho días sin fumar.

Exercise 1.5

How would you express the following in Spanish?

1 After finishing our lessons, we went to the theatre.
2 Before living in Barcelona, they lived in Santiago de Chile.
3 On seeing the time, she left.
4 We have just bought a new car.
5 I had just arrived when he rang.
6 I have been living in this house for three years.
7 They have just arrived.
8 Vicente has just left, after finishing his work.

Exercise 1.6

Complete the following blanks in the text with a time expression:

_____ (1) más de 25 años que murió Franco y desde entonces España se ha modernizado mucho. _____ (2) morir Franco, España entró a formar parte de la Unión Europea pero _____ (3) entrar el país tuvo que modernizar su industria y su economía. España es miembro de pleno derecho de la UE _____ (4) más de quince años y _____ (5) muchos años intentando ser un país líder en Europa.

Cultural brief

Democracia e industrialización

España es un país democrático desde hace muchos años. Francisco Franco, el dictador que gobernó el país desde el final de la guerra civil (que duró desde 1936 hasta 1939), murió en 1975 y desde entonces España es una monarquía parlamentaria. Al morir Franco, legalizaron los partidos políticos, el rey, Juan Carlos I, subió al trono y el nuevo parlamento hizo una nueva constitución, aprobada en 1978. En 1992 España entró a formar parte de la Unión Europea como miembro de pleno derecho y desde entonces su importancia política y económica en Europa ha sido cada vez mayor.

España ha cambiado mucho desde 1975 y ahora es un país rico, industrial y económicamente desarrollado. El siglo XXI puede traer cambios políticos y constitucionales importantes dentro del sistema de las autonomías ya que desde hace unos años Cataluña y el País Vasco están intentando reformar su estatuto autonómico para conseguir mayor independencia del gobierno central.

Depués del nacimiento de la hija del Príncipe Felipe (el heredero al trono) en 2005 también se habla de un cambio constitucional para permitir que las mujeres reinen en España, algo que no ha sido posible desde hace siglos.

Key vocabulary for the unit

aprobar	to approve
cancelar	to cancel
constitución (f)	constitution
democrático	democratic
entrada (f)	ticket
estatuto (m)	statute
guerra (f)	war
legalizar	legalise
luego	then
miembro (m) **de pleno derecho**	full member
parlamentario	parliamentary
partido (m)	party (political), match (sports)
reinar	to reign
sentirse bien	to feel well
trono (m)	throne

UNIT TWO
The passive

A passive construction is one in which the subject of the sentence experiences the action of the verb rather than being the originator of that action. Compare these two sentences:

The dog chases the cat.

The dog is chased by the cat.

In the first sentence the subject (i.e. the dog) performs the action of the verb 'chases'. This is an 'active' construction. In the second sentence, however, the subject (i.e. the dog) experiences the action which is carried out by someone/something else. This is a passive construction.

The reflexive passive

The passive is used quite frequently in English but in Spanish it is generally avoided by using a different construction. The most common way of avoiding the passive in Spanish is by using a reflexive construction.

Examples: **Se habla español.**
Spanish is spoken. (*Literally* 'Spanish speaks itself')

Se produce vino.
Wine is produced. (*Literally* 'Wine produces itself')

If the subject is plural it is normal to make the verb plural as well:

Examples: **Se cultivan uvas.**
Grapes are grown. (*Literally* 'Grapes grow themselves')

Se venden zapatos.
Shoes are sold. (*Literally* 'Shoes sell themselves')

Se construyeron muchas casas.
Many houses were built.
(*Literally* 'Many houses built themselves')

The **se** is sometimes treated as an impersonal pronoun, rather like 'one' in English:

Examples: **¿Se puede fumar aquí?**
Can one/you smoke here?

Se dice que ...
It is said that . . ./People say that . . .

The literal passive

The reflexive passive construction cannot be used when the agent is mentioned:

Example: The book was written *by* Cervantes.

Logically you cannot say 'The book wrote itself by Cervantes'.

In sentences like this the literal passive must be used. This is formed with the verb **ser** in the appropriate tense and the past participle:

El libro fue escrito por Cervantes.

Similarly:

La casa será vendida por la familia.
The house will be sold by the family.

Los ejercicios son corregidos por el profesor.
The exercises are corrected by the teacher.

ser and estar with past participle

It is important to distinguish between the use of **ser** with the past participle in the passive construction used above and the use of **estar** with the past participle to indicate a state resulting from an action:

Examples: **La ventana está rota.**
The window is broken.
(*i.e. the state of the window because someone broke it*)

La puerta estaba cerrada.
The door was closed.
(*i.e. the state the door was in after someone closed it*)

Notice that the imperfect tense of **estar**, rather than the preterite, will nearly always be used when talking about the past. This is because states are not sudden or completed actions for which the preterite is used. Compare these two sentences:

La luz fue apagada.
The light was switched off.
(*i.e. an action performed by someone*)

La luz estaba apagada.
The light was switched off.
(*i.e. the state of the light after someone swiched it off*)

The distinction is not always as clear as in the above examples and you will need to look at such sentences very carefully to avoid making mistakes.

Exercise 2.1

Here is a simplified recipe for a dessert from Chile called **Alfajores**. The recipe uses the present tense (**Ud** form). Change it into the **se**-passive.

Ingredientes

6 yemas
6 cucharadas de harina
1 copita de pisco
1 tarro de leche condensada

1 Bata las yemas hasta que blanqueen.
2 Añádales el licor.
3 Mezcle esto a la harina cernida.
4 Trabaje mucho la masa.
5 Extienda la masa hasta que quede delgadita.
6 Corte esta masa con una copita chica.
7 Pinche los círculos con un tenedor.

8 Introduzca los alfajores al horno bien caliente hasta que tomen color dorado.

9 Haga hervir la leche condensada 2½ horas para que quede bien dura.

10 Rellene los alfajores con esto.

Exercise 2.2

The next recipe is for the well-known **paella**. Again, it is a very simplified version. The verbs are all in the infinitive. Change them into the **se**-passive.

(1) **Poner** al fuego la paella con aceite y sal, cuando esté caliente (2) **ir** echando la carne troceada y (3) **dorar** bien. Cuando esté dorada (4) **añadir** las judías verdes a trozos. Después (5) **añadir** el tomate y (6) **freír**, (7) **poner** el pimentón y en seguida (8) **llenar** la paella de agua. (9) **Dejar** hervir hasta que se hace el caldo. (10) **Añadir** el arroz (una manera fácil de poner la cantidad apropiada es hacer un montoncito con el arroz de asa a asa de la paella dejando que salga por encima del agua). (11) **Dejar** cocer a fuego fuerte unos diez minutos y después (12) **bajar** el fuego hasta secar el arroz (total unos 18 a 20 minutos). (13) **Dejar** reposar unos 5 minutos y (14) **servir** en la misma paella.

Exercise 2.3

Here are a few don'ts for Spanish cooking. Change the infinitives to the **se**-passive.

1 _____ (no cocinar) el pescado a altas temperaturas, pues las altas temperaturas destruyen sus nutrientes.

2 _____ (no salar) las hamburguesas hechas en casa si las vas a congelar.

3 _____ (no pelar) las berenjenas antes de cocinarlas. Si las pelas, se amargan y se ponen marrones.

4 Al freír nunca _____ (tapar) las sartenes. Si lo haces, la comida cuece.

5 _____ (no pelar) las patatas para ensalada antes de hervirlas. Si lo haces, pierden la mayor parte de sus nutrientes.

6 _____ (no desmoldar) las tartas al sacarlas del horno. _____ (dejar) reposar 10–20 minutos.

7 _____ (no salar) los filetes de ternera antes de freír, saben mejor si los salas después de fritos.

8 El arroz para paella nunca _____ (lavar).

Exercise 2.4

You would like to place the following advertisements in a Spanish newspaper. Prepare the texts for them in Spanish with the **se**-passive.

Example: You want to sell a car.
            Se vende coche.

1 You want to sell a house.

2 You want to rent a flat.

3 You want to give English lessons.

4 You are looking for a room.

5 You do translations into English.

6 You are looking for flatmates.

7 You are selling two bicycles.

8 You need a cleaner (**asistenta**).

9 You want to rent three rooms in an apartment in Madrid.

10 You need four waiters.

Exercise 2.5

Change the following sentences into the passive. In some cases the **se**-passive will be correct, and in others the passive with **ser**:

1 La gente dice que la dieta mediterránea es muy buena.

2 Cela escribió estas novelas.

3 El gobierno ha aprobado la ley.

4 La gente dice que hay demasiados coches en Madrid.

5 Probarán una nueva teoría.

6 Hoy han cambiado la hora.

7 El alcalde ha abierto la nueva línea de metro en Barcelona.

8   Alguien encontró una foto del accidente.

9   Los trabajadores de SEAT rechazaron el contrato.

10 Picasso pintó *El Guernica*.

Exercise 2.6

Complete the text below with the **se**-passive or passive with **ser**, using the verbs given to you in the box.

Durante la dictadura, en Argentina, muchos ciudadanos inocentes _____ (1) por los militares. No _____ (2) qué es lo que les ocurrió a todas esas personas. _____ (3) que _____ (4) pero nunca _____ (5) sus cuerpos. Son los desaparecidos. _____ (6) entonces una organización de madres para intentar conseguir respuestas del gobierno.

| saber   encontrar   creer   fundar   detener   asesinar |

Cultural brief

Los desaparecidos y las Madres de la Plaza de Mayo

Se conoce como « Los desaparecidos » a todas las personas que fueron detenidas clandestinamente por la policía y las fuerzas de seguridad argentinas durante el gobierno de la Junta Militar (durante los setenta y los ochenta). Tras su detención, nunca se supo nada más de todas estas personas. Se cree que, durante la dictadura, había en Argentina más de 350 campos de concentración por todo el país, aunque el gobierno siempre negó esas desapariciones. El miedo y el terror reinaban en la población civil argentina. Muchos argentinos se exiliaron pero un pequeño grupo de mujeres, frustradas por no encontrar información sobre sus desaparecidos y queriendo ser vistas, empezaron a reunirse los jueves por la tarde (de 3.30 a 4.00) en la Plaza de Mayo, en Buenos Aires. Lo hicieron entonces porque esa era la hora en la que había más gente en la plaza. Al principio, esas mujeres no se movían. Simplemente se quedaban de pie en la plaza o sentadas en un banco. Según pasaban las semanas, se iba corriendo la noticia, de boca en boca, de que unas madres se reunían allí los jueves y cada vez aparecían más madres de desaparecidos a las 3.30. Empezaron así a organizarse más y a llevar a cabo sus primeras acciones. Cuando su concentración llegó a 60 ó 70 mujeres, la policía les obligó a caminar de dos en dos (los grupos de más de tres personas fueron prohibidos por la dictadura) y así empezaron sus marchas. Más tarde, se decidió que se pondrían todas un pañuelo blanco en la cabeza para reconocerse en la Plaza. Ese pañuelo es todavía hoy su símbolo.

Las madres de la Plaza de Mayo se hicieron famosas en el mundo entero por su protesta pacífica y su organización ayudó a muchísimas familias argentinas a sobrellevar la pérdida de sus seres queridos. La organización, que cuenta con gran apoyo internacional, se hizo cada vez más grande, se formaron nuevos grupos por todo el país y a ella se unieron con el tiempo también otras muchas personas (familiares, en general, de los desaparecidos).

Todavía hoy se reúnen todos los jueves a las 3.30 de la tarde en la Plaza de Mayo para que la memoria histórica de lo que ocurrió en esas dos décadas en Argentina, se mantenga siempre viva.

Key vocabulary for the unit

aceite (m)	oil
alcalde (m)	mayor (of a city, town, etc.)
añadir	to add
apoyo (m)	support
arroz (m)	rice
asa (f)	handle
a trozos	chopped
berenjena (f)	aubergine
bizcocho (m)	sponge cake
blanquear	to whiten
caldo (m)	stock
caminar	to walk
cerner	to sieve
chico	small
clandestinamente	secretly
cocer	to boil
congelar	to freeze
copita (f)	small wine glass

cortar	to cut
cucharada (f)	spoonful (tablespoon)
de boca en boca	by word of mouth
desaparecido	missing
destruir	destroy
detener	to detain, to arrest
dorar	to brown
exiliarse	to go into exile
extender	to roll out, to spread (cooking)
filete (m)	steak
fuerzas de seguridad (f)	security forces
harina (f)	flour
hervir	to boil
horno (m)	oven
mezclar	to mix
miedo (m)	fear
montoncito (m)	small heap
pañuelo (m)	headscarf
paella (f)	the flat, wide dish where the rice is cooked
pelar	to peel
pimentón (m)	paprika
pinchar	to prick
pisco (m)	grappa
pues	as
reconocer	to recognise
rellenar	to fill
reposar	to rest
saber	to taste (of food)
salar	to add salt
sartén (f)	frying pan
sobrellevar	to cope
ternera (f)	beef
trocear	to chop
vivo	alive
yema (f)	egg yolk

UNIT THREE
Verbs with prepositions

Some verbs in Spanish can be followed immediately by an infinitive, in much the same way as the English construction:

Examples: **Quiero ir al cine.**
I want to go to the cinema.

Decidió comprarlo.
He decided to buy it.

Many verbs in Spanish, however, require the use of a preposition before a following infinitive. The most common prepositions used are **a** and **de**:

Examples: **Empezaron *a* leer el libro.**
They began to read the book.

Se negaron *a* creerlo.
They refused to believe it.

Dejamos *de* hablar.
We stopped speaking.

Me olvidé *de* decírtelo.
I forgot to tell you about it.

Some of the most common verbs which require the preposition **a** before a following infinitive are:

acostumbrarse a	to be accustomed to/to get used to
aprender a	to learn to
atreverse a	to dare to

ayudar a	to help to
comenzar a	to begin to
empezar a	to begin to
invitar a	to invite to
ponerse a	to begin to
***decidirse a**	to decide to
negarse a	to refuse to
tender a	to tend to
volver a	to do again

(e.g. **Volvió a hacerlo**
He did it again)

*The verb **decidir** in its non-reflexive form can be used directly before an infinitive without the need for a preposition, as shown on the previous page.

Some of the most common verbs which require the preposition **de** before a following infinitive are:

cansarse de	to tire of/get tired of
cesar de	to cease to
dejar de	to cease to
terminar de	to finish
alegrarse de	to be pleased to
olvidarse de	to forget to
tratar de	to try to

A few verbs take other prepositions such as **por**, **en** or **con**:

por

esforzarse por	to strive to
luchar por	to struggle to
optar por	to opt to

con

amenazar con	to threaten to
soñar con	to dream of

(e.g. **Soñó con hacerse astronauta**
He dreamt of becoming an astronaut)

en

consentir en	to agree to
dudar en	to hesitate to
empeñarse en	to insist on
insistir en	to insist on
tardar en	to take time to

(e.g. **Tardó dos horas en hacerlo**
He took two hours to do it)

The verb **acabar** is a little unusual in that it has different meanings depending on which preposition is used.

acabar de   to have just

Example: **Acabo *de* terminar.**
                                         I have just finished.

acabar por   to end up by

Example: **Acabó *por* decírselo.**
                                         He ended up (by) telling her.

There is no reliable way of telling which preposition, if any, a verb needs before a following infinitive, you will simply have to learn this as you go along.

The list we have given here is not comprehensive, but does include the most common verbs. You will need to check in your dictionary for verbs not listed here.

Verbs with prepositions before nouns

Some verbs also require prepositions before a following noun.

Examples: **Se acercó *a* la mesa.**
                   He approached the table.

                   Sabe *a* ajo.
                   It tastes of garlic.

Here are some of the most common ones:

a

acercarse a	to approach
asistir a	to be present at
llegar a	to arrive at/to reach
oler a	to smell of
saber a	to taste of

de

depender de	to depend on
despedirse de	to say goodbye to
enamorarse de	to fall in love with
reírse de	to laugh at

en

fijarse en	to notice
consistir en	to consist of

por

preocuparse por	to worry about
estar por	to be in favour of

The verb **pensar** has different meanings depending on which preposition is used:

Pensamos mucho *en* ti.
We thought about you a lot.

¿Qué piensas *de* esto?
What do you think about this? (opinion)

Some verbs need special attention because they do not take a preposition in Spanish although they do in English:

buscar   to look *for*

Example: **Buscaba su diccionario.**
                    He was looking for his dictionary.

escuchar	to listen *to*

> Example: **Escuchamos la radio.**
> We listen to the radio.

esperar	to wait *for*

> Example: **Esperó el autobús.**
> He waited for the bus.

mirar	to look *at*

> Example: **Miraba el mar.**
> I was looking at the sea.

pagar	to pay *for*

> Example: **Juan pagó la comida.**
> Juan paid for the food.

pedir	to ask *for*

> Example: **Pidió mi dirección.**
> He asked for my address.

Exercise 3.1

A or **de**? Match the following verbs with the right preposition (you may have to use a dictionary for this exercise):

a: _____

de: _____

1 acostumbrarse (to be used to)

2 atreverse (to dare)

3 empezar (to begin)

4 huir (to escape)

5 invitar (to invite)

6 depender (to depend on)

7 terminar (to finish)

8 acordarse (to remember)

9 dejar (to stop doing something, to quit)

10 dedicarse (to devote oneself to something, to work as)

Exercise 3.2

Complete the sentences below with one of the verbs in the box. Each verb can be used only once and you must write the correct form of the present tense for each sentence. Remember that some verbs are radical changing in the present tense.

salir	**acordarse**	**ayudar**
jugar	**empezar**	**divorciarse**
invitar	**dedicar**	**negarse**
	llegar	

1 ¿Me _____ (tú) a comer en un restaurante chino hoy?

2 No me _____ (yo) de cuánto me costó.

3 _____ (él) al fútbol todos los domingos por la mañana.

4 Se _____ (ella) de su marido después de 2 años de matrimonio.

5 _____ (nosotros) a Barcelona mañana por la mañana.

6 ¿ _____ (vosotros) de Madrid esta noche?

7 No _____ (ellos) a estudiar español hasta el año que viene.

8 ¿Me _____ (tú) a hacer esto? Yo solo no puedo, es muy difícil.

9 ¿Se _____ (Ud) a la enseñanza?

10 Me _____ (yo) a seguir jugando. Estoy cansado.

Exercise 3.3

Con or **en**? Match the following verbs with the right preposition:

con: _____

en: _____

1 consistir (to consist of)

2 casarse (to marry somebody)

3 pensar (to think about)

4 contar (to rely on)

5 entrar (to go into something)

6 insistir (to insist on)

7 enfrentarse (to confront)

8 chocar (to clash, to come up against)

9 convertirse (to turn into, to become)

10 confiar (to trust)

Exercise 3.4

Complete the following sentences with the correct preposition from the ones given in brackets. Only one preposition is correct.

1 No me entero _____ nada. (con, en, de)

2 ¿Ha empezado _____ llover? (a, con, de)

3 Mi hermano no confiaba _____ nadie. (con, en, de)

4 María se enamoró _____ Juan en el verano de 2005. (con, de, en)

5 Mi marido me amenazó _____ quitarme a mis hijos. (a, con, de)

6 ¿Estás interesado _____ comprar esta casa? (con, en, de)

7 No me he acordado _____ comprar la leche. (a, de, con)

8 ¿Se va a negar _____ firmar el contrato? (de, con, a)

9 Esta novela trata _____ la Segunda Guerra Mundial. (a, con, de)

10 En ese proyecto colaboraron _____ una compañía francesa. (con, de, a)

Exercise 3.5

Do these verbs need a preposition? (You may have to use a dictionary if you are not sure.) Complete the following sentences with the correct preposition (if needed):

1 Estoy buscando _____ mis llaves.

2 Soñaban _____ viajar a China.

3 El sindicato lucha _____ los derechos de los trabajadores.

4 ¿Escuchaste _____ el partido en la radio ayer?

5 Estoy preocupado _____ mi hermano.

6 Salieron _____ París ayer por la mañana.

7 Lola se opuso _____ aprobar a Pepe.

8 ¿Vas a pagar tú _____ los cafés?

Exercise 3.6

Decide whether or not you need prepositions to complete the following text. (You may need a dictionary for this exercise.)

Los incas vivían _____ (1) la cordillera de los Andes y su
sociedad dependía _____ (2) la agricultura y se basaba
_____ (3) la familia. Sus actividades diarias estaban centradas
_____ (4) el campo y sólo las familias nobles estaban
interesadas _____ (5) la educación de sus hijos varones.
Los incas creían profundamente _____ (6) la solidaridad y se
ayudaban _____ (7) mutuamente.

Cultural brief

Los incas

Los incas fueron el pueblo americano con el imperio más grande en lo que ahora se conoce como América Latina o Latinoamérica. Vivían en la cordillera de los Andes y hablaban una lengua llamada *quechua*. Tenían una arquitectura muy desarrollada que se basaba en ciudades con grandes avenidas y pequeñas calles alrededor de una plaza, donde construían sus templos y edificios importantes. Los incas adoraban el sol y creían que sus emperadores eran descendientes directos de él. Las ceremonias y ritos incas estaban relacionados con la agricultura y la salud y, en los más importantes, se exigía el sacrificio de animales.

Los incas dependían principalmente de la agricultura y se dedicaban a cultivar productos como las patatas y el maíz. Se servían de las llamas como principal animal de transporte. Su sistema social estaba basado en el *ayllu*, que era un núcleo familiar muy grande que compartía un mismo territorio, donde todos estaban unidos con los otros miembros del grupo por su parentesco. La sociedad inca se apoyaba en la solidaridad y en la ayuda de unos a otros en el *ayllu*. Cuando alguien se casaba, por ejemplo, todos los miembros del *ayllu* le ayudaban a construir su nueva casa. En la sociedad inca, todos los bienes pertenecían al estado, que se encargaba de redistribuirlos para su explotación común. La educación estaba reservada sólo a la nobleza y se hacía en escuelas que estaban ubicadas en Cuzco, la capital del imperio. Debido a la importancia de la agricultura, se les enseñaba aritmética y astronomía.

Key vocabulary for the unit

aritmética (f)	arithmetic
ayuda (f)	help
bienes (m)	goods, assets, possessions
cordillera (f)	mountain range
cultivar	to grow
emperador (m)	emperor. NB: **emperatriz** (f)
encargarse de	to be responsible for
imperio (m)	empire
nobleza (f)	nobility
parentesco (m)	kinship
redistribuir	to redistribute
salud (f)	health
servirse de	to use
sindicato (m)	trade union
solidaridad (f)	solidarity
templo (m)	temple

UNIT FOUR
The present subjunctive

The subjunctive is a form of verb which hardly exists in English, being restricted nowadays to only a few instances, e.g.

If I *were* to tell you . . .

If it *were* to rain . . .

Even in these cases the subjunctive is often replaced by an alternative expression using the indicative (the form of the verb which we have seen until now):

If I told you the truth . . .

If it rained . . .

The subjunctive should be described as a 'mood' rather than a tense. In fact it exists in four tenses – present, imperfect, perfect and pluperfect. It is generally used in Spanish for actions which are not simple statements of fact but where there is an element of uncertainty about whether something will happen, or to express a feeling or reaction to a situation or action.

We will look first at its formation and then consider some of the situations in which it is used in Spanish.

Formation

The present subjunctive of regular verbs is formed as follows:

Take the first person singular of the present indicative tense, remove the final **-o** and add these endings:

-ar verbs (e.g. **hablar**)

Indicative	*Subjunctive*
hablo	**hable**
hablas	**hables**
habla	**hable**
hablamos	**hablemos**
habláis	**habléis**
hablan	**hablen**

-er and -ir verbs have the same set of endings as follows:

Indicative	*Subjunctive*
vivo	**viva**
vives	**vivas**
vive	**viva**
vivimos	**vivamos**
vivís	**viváis**
viven	**vivan**

You will have noticed that, with the exception of the first person singular, the present subjunctive of -ar verbs uses the same endings as the present indicative of -er verbs, and the present subjunctive of -er and -ir verbs uses the same endings as the present indicative of -ar verbs.

You may be wondering why we suggest you take the first person singular of the present indicative as your starting point and not the infinitive; this is because there are a number of verbs in Spanish which have an irregular first person singular. If it is taken as the starting point these verbs need not be considered 'irregular' in the formation of the present subjunctive. For example:

Indicative	*Subjunctive*
tengo (I have)	**tenga, tengas, tenga**, etc.
vengo (I come)	**venga, vengas, venga**, etc.
pongo (I put)	**ponga, pongas, ponga**, etc.
salgo (I go out)	**salga, salgas, salga**, etc.
digo (I say)	**diga, digas, diga**, etc.
hago (I do)	**haga, hagas, haga**, etc.
caigo (I fall)	**caiga, caigas, caiga**, etc.
conozco (I know)	**conozca, conozcas, conozca**, etc.
veo (I see)	**vea, veas, vea**, etc.

There are, however, a number of verbs which do have an irregular form of the present subjunctive and these are as follows:

Infinitive	*Subjunctive*
ser	**sea, seas, sea**, etc.
ir	**vaya, vayas, vaya**, etc
saber	**sepa, sepas, sepa**, etc.
haber	**haya, hayas, haya**, etc.
dar	**dé,* des, dé,*** etc.

* There is a stress mark on these forms to distinguish them from the preposition **de**, but it does not alter the pronunciation.

With all of the verbs listed above, once you know the form of the first person singular, the endings follow the normal pattern given for the formation of the present subjunctive.

The verb **estar** has a unique set of endings in the present subjunctive as there is a stress mark on the second **é** of the first, second and third persons singular and the third person plural:

> **esté**
> **estés**
> **esté**
> **estemos**
> **estéis**
> **estén**

The first person plural (**estemos**) does not require a stress mark on the second **e** as the natural stress falls on that syllable.

Subjunctive of radical-changing verbs in the present tense

Radical-changing verbs need careful attention. In most cases, the same change occurs in exactly the same places in the present subjunctive as in the present indicative – i.e. first, second and third persons singular and the third person plural. For example:

Indicative		*Subjunctive*
puedo	(I can)	**pueda**
puedes		**puedas**
puede		**pueda**
podemos		**podamos**
podéis		**podáis**
pueden		**puedan**

quiero	(I want)	quiera
quieres		quieras
quiere		quiera
queremos		queramos
queréis		queráis
quieren		quieran

However, in the case of **-ir** radical-changing verbs (e.g. **pedir**, **morir**, **preferir**, **servir**) there is an additional change in the first and second persons plural of the present subjunctive. In these persons an **e** in the stem changes to an **i** and an **o** changes to a **u**, regardless of what the change was in the present indicative. The other persons of the verb follow the same changes as the present indicative. For example:

Indicative		*Subjunctive*
pido	(I ask for)	**pida**
pides		**pidas**
pide		**pida**
pedimos		*pidamos*
pedís		*pidáis*
piden		**pidan**
prefiero	(I prefer)	**prefiera**
prefieres		**prefieras**
prefiere		**prefiera**
preferimos		*prefiramos*
preferís		*prefiráis*
prefieren		**prefieran**
muero	(I die)	**muera**
mueres		**mueras**
muere		**muera**
morimos		*muramos*
morís		*muráis*
mueren		**mueran**

Uses of the subjunctive

The uses of the subjunctive will be discussed in subsequent chapters, but here is a simple example to give you an idea of its use.
Consider these two sentences:

I want to go to London.
I want you to go to London.

In the first sentence the subject of the verb 'want' and the infinitive 'to go' is the same – i.e. 'I', but in the second sentence the subject of 'want' is 'I' whereas the person who will be doing the second action (i.e. 'to go') is 'you'. In this type of construction where the subject of the infinitive is different from the subject of the main verb, it is not possible to use an infinitive in Spanish; it must be replaced by **que** + the present subjunctive of the second verb:

> Example: **Quiero ir a Londres.**
> I want to go to London.

but

> **Quiero que vayas a Londres.**
> I want you to go to London.

Bearing in mind what was said at the beginning of this unit about the subjunctive being used for things which may or may not happen, another way of looking at the above example would be to consider that the fact that 'I' may want 'you' to go is no guarantee that the action will take place, so the second verb does not describe a definite action, it is more an aspiration. Here are some other examples:

Esperamos ir a Francia.
We hope to go to France.

but

Esperamos que nuestros amigos vayan a Francia.
We hope our friends go to France.

Prefieren comer pescado.
They prefer to eat fish.

but

Prefieren que comamos juntos.
They prefer us to eat together.

Make sure you understand why the second sentence in each of the above examples needs a subjunctive.

This will be examined in greater detail in Unit 6.

Exercise 4.1

Write the correct form of the present subjunctive:

1	comer	_____ (tú)	_____	(él)
2	cantar	_____ (nosotros)	_____	(yo)
3	querer	_____ (ellos)	_____	(Ud)
4	escribir	_____ (yo)	_____	(vosotros)
5	morir	_____ (vosotros)	_____	(ella)
6	pedir	_____ (Uds)	_____	(él)
7	estar	_____ (yo)	_____	(nosotros)
8	poder	_____ (tú)	_____	(vosotros)
9	bailar	_____ (él)	_____	(Uds)
10	preferir	_____ (ellos)	_____	(yo)

Exercise 4.2

Do you know the difference? Give the correct form of the two types of present tenses for the verbs given below:

	Present indicative	*Present subjunctive*
cantar (yo)	_____	_____
morir (él)	_____	_____
contar (ellos)	_____	_____
saber (nosotros)	_____	_____
ir (vosotros)	_____	_____
dar (Uds)	_____	_____
conducir (yo)	_____	_____
estar (tú)	_____	_____
ser (nosotros)	_____	_____
ver (vosotros)	_____	_____

Exercise 4.3

Choose the correct form of the verb in brackets:

1 Prefiero que ella _____ (venga, vengan, viene) conmigo.

2 Prefieren que Ud _____ (dice, diga, dirá) la verdad.

3 Esperamos que ellos _____ (encontrarán, encuentra, encuentren) el dinero.

4 ¿Esperáis que nosotros _____ (lleguemos, llegaremos, llegamos) mañana?

5 Antonio quiere que yo _____ (voy, iré, vaya) a la fiesta.

6 ¿Quieren que mi jefe _____ (pida, pide, pido) la cuenta?

7 ¿Prefieres que Angel _____ la maleta? (hace, haga, hará)

8 Espero que vosotros _____ (podáis, podéis, puedes) venir.

9 Juan prefiere que nosotros nos _____ en casa. (quedemos, quedamos, quedaremos)

10 Quieren que yo _____ (daré, dé, doy) la clase hoy.

Exercise 4.4

Imagine that you are writing the lyrics for a peace song. These are some ideas for your lyrics. Complete the following sentences with the correct form of the present subjunctive:

1 Quiero que _____ (haber) paz en el mundo.

2 Quiero que los hombres no _____ (luchar) más.

3 Quiero que _____ (terminar) todas las guerras.

4 Quiero que el mundo _____ (vivir) en paz.

5 Deseo que los gobiernos _____ (dialogar).

6 Deseo que no _____ (morir) más gente inocente.

7 Deseo que la humanidad _____ (aprender) a entenderse.

8 Deseo que los pueblos _____ (convivir) en paz.

9 Quiero que _____ (desaparecer) los odios.

10 Deseo que en el mundo _____ (reinar) la paz.

Exercise 4.5

Write the correct form of the verb in the following sentences:

1 Quiero _____ a Nueva York. (ir)

2 Quiero que (nosotros) _____ a Nueva York. (ir)

3 Queremos _____ español. (aprender)

4 Queremos que (ellos) _____ español. (aprender)

5 Él quiere que (Ud) _____ el coche. (conducir)

6 Él quiere _____ el coche. (conducir)

7 Prefiero _____ en casa. (comer)

8 Prefiero que mis hijos _____ en casa. (comer)

Exercise 4.6

Answer the following questions with the information given in brackets:

1 ¿Comes en casa hoy?
   (No, I prefer to eat in a restaurant)

2 ¿Quieres ir a la fiesta?
   (No, I want you to go)

3 ¿Vais al fútbol hoy?
   (No, we prefer to go to the cinema)

4 ¿Van ellos a la reunión a Barcelona?
   (No, they want Mario to go)

5 ¿Han comprado ya la casa?
   (No, they prefer to buy a flat)

6 ¿Habéis leído el periódico?
   (No, we prefer to listen to the radio)

7 ¿Han estado algún verano en Valladolid?
   (No, they prefer to be on the beach)

8 ¿Por qué tengo que ir a tu casa?
   (I want you to meet my parents)

Exercise 4.7

These are some of the fundamental rights that the UN says that all children around the world should have. Change the sentences using the subjunctive, as in the example.

Example: **El derecho a no participar en guerras**

Es importante que los niños ...

Es importante que los niños no participen en guerras.

1 El derecho a poseer nombre y nacionalidad.
Es importante que todos los niños ...

2 El derecho a vivir con plenitud, libre de hambre, miseria, abandono y malos tratos.
Es fundamental que la infancia ...

3 El derecho a vivir en un ambiente seguro.
Es básico que los niños ...

4 El derecho a tener una educación.
Es importante que la infancia ...

5 El derecho a disfrutar de tiempo de ocio.
Es fundamental que todos los niños ...

6 El derecho a recibir asistencia sanitaria.
Es básico que la infancia ...

7 El derecho a participar, a su nivel, en la vida social, económica, cultural y política de su país.
Es importante que los niños ...

Cultural brief

Los derechos de los niños

En España y Latinoamérica los niños tienen una importancia especial dentro de la sociedad pero a pesar de ello hay muchas organizaciones gubernamentales y no gubernamentales (ONGs) que se dedican a trabajar por mejorar sus condiciones de vida y hacer que se cumplan los principios de la declaración de los derechos de los niños de la ONU.

Los problemas de los niños en zonas de subdesarrollo o en vías de desarrollo son distintos a los problemas de los niños en sociedades más desarrolladas aunque los expertos coinciden en destacar que es importante que haya más medios económicos en todos los países para que estas organizaciones gubernamentales y ONGs puedan trabajar en mejorar las condiciones de los niños en general. Dicen que es importante que haya campañas publicitarias para que los niños sepan sus derechos, sobre todo respecto a los malos tratos, para que se puedan defender de ellos. También dicen que es importante que los colegios incluyan los derechos de los niños dentro de sus programas educativos.

Es fundamental para estas organizaciones que los adultos escuchen a los niños y dialoguen con ellos para que aprendan a respetarles como personas y para que respeten sus necesidades y sus opiniones. Los expertos aseguran que esta comunicación con los adultos ayuda a que los niños maduren y aprendan a convivir en sociedad.

Creen que es importante que el principio de « los niños primero » se convierta en una realidad para todos los gobiernos porque los niños representan el futuro. En este sentido dicen que es necesario que los gobiernos den prioridad a inversiones en el sector de la infancia, especialmente a aquellas que intenten acabar con la desigualdad social. Para ellos es fundamental, por tanto, que los gobiernos protejan la familia mediante ayudas económicas y sociales que potencien el bienestar de los niños.

Key vocabulary for the unit

bienestar (m)	welfare
campañas publicitarias (f)	advertising campaigns
convertirse (en)	to become
convivir	to coexist
cumplir	uphold (law)
dar prioridad a	to prioritise
derecho (m)	legal right
desigualdad (f)	inequality
destacar	to emphasise
dialogar	to talk, to converse
hacer la maleta	to pack a case
humanidad (f)	mankind
incluir	to include
infancia (f)	childhood, infancy
intentar (hacer)	to try (to do)
inversión (f)	investment
luchar por	to fight for

madurar	to mature
malos tratos (m)	abuse
mediante	through
medios (m)	means
mejorar	to improve
ONG (f)	NGO (non-governmental organisation)
ONU (f)	the UN (United Nations)
paz (f)	peace
potenciar	to boost
prestar	to lend
principio (m)	principle
programas educativos (m)	syllabus
proteger	to protect
respecto a	regarding

UNIT FIVE
Imperatives

Imperatives are command forms; they can be either direct commands, ordering someone else to do something:

Example: Close the door.

or indirect, suggesting a course of action or expressing a desire:

Example: Let's go.
(May he) rest in peace.
Let them wait.

Direct imperatives

As these are addressed to a second person ('you'), their form will vary depending on whether the command is singular, plural, formal or informal, corresponding to the four ways of saying 'you' in Spanish – **tú**, **usted**, **vosotros**, or **ustedes**.

Formal imperatives

Imperatives using the polite 'you' (**usted** or **ustedes**) require the present subjunctive form (see Unit 4):

Examples: **Abra (usted) esa puerta.**
Open that door.

Cierren (ustedes) la ventana.
Close the window.

No vaya (usted).
Don't go.

No salgan (ustedes).
Don't go out.

Imperatives with pronouns

All pronouns, whether reflexive, direct object or indirect object, are added to the end of affirmative imperatives – i.e. those telling someone to do something as opposed to telling them not to do something.

If a pronoun is added, a stress mark will be required except in the few cases where the imperative has only one syllable:

Examples: **Dígame (usted).**
Tell me.

Siéntense (ustedes).
Sit down.

If two pronouns are added, then the indirect object pronoun will precede the direct object pronoun. A stress mark will always be required if two pronouns are added:

Examples: **Dígaselo.**
Tell him about it.

Pásenmelo.
Pass it to me.

If the imperative is negative, the pronouns return to their normal position immediately before the verb:

Examples: **No se lo diga.**
Don't tell him about it.

No me lo pasen.
Don't pass it to me.

Informal imperatives

Informal imperatives (**tú** and **vosotros**) have a special form when they are affirmative – i.e. ordering someone to do something.

The form of affirmative commands for regular verbs is as follows:

	Tú	*Vosotros*
-ar verbs	**-a**	**-ad**
	compra	**comprad**
-er verbs	**-e**	**-ed**
	vende	**vended**
-ir verbs	**-e**	**-id**
	escribe	**escribid**

Examples: **Compra un regalo para tu madre.**
Buy a present for your mother.

Niños, abrid la puerta.
Children, open the door.

Bebe este vino, es buenísimo.
Drink this wine, it's really good.

Amigos, compartid vuestro dinero conmigo.
Friends, share your money with me.

Imperative of radical-changing verbs

In the case of radical-changing verbs, there will be a change in the **tú** form but not in the **vosotros** form, as would be expected:

Examples: **vuelve**   **volved**
piensa   **pensad**
pide   **pedid**

Irregular imperatives

There are some irregular **tú** imperatives which are listed below, but there are no irregular **vosotros** imperatives:

	Tú	*Vosotros*
decir (to say)	**di**	**decid**
hacer (to do)	**haz**	**haced**
ir (to go)	**ve**	**id**
poner (to put)	**pon**	**poned**

salir (to go out)	**sal**	**salid**
ser (to be)	**sé***	**sed**
tener (to have)	**ten**	**tened**
venir (to come)	**ven**	**venid**

*Stress mark required to distinguish this form from the pronoun **se**.

Pronouns are added to the end of affirmative imperatives using the **tú** and **vosotros** forms in the same way as they are added to formal imperatives. A stress mark will be required in some cases in order to keep the stress on the same syllable of the imperative as it was before the pronoun(s) were added:

Ponlo en la mesa.
Put it on the table.

(no stress mark required as stress naturally falls on **o** of the stem)

Házmelo cuanto antes.
Do it for me as soon as possible.

(stress mark needed to keep the stress on **a** of stem)

Cómpratelo si lo quieres.
Buy it (for yourself) if you want it.

(stress mark needed to keep the stress on **o** of stem)

Comedlo todo.
Eat it all.

(no stress mark needed as stress naturally falls on **e**, as it does in the affirmative imperative)

Escribídmelo por favor.
Write it for me please.

(stress mark needed on second **i** because by adding two pronouns the natural stress would have fallen on the penultimate syllable)

NB: When the reflexive pronoun **os** is added to the end of the imperative, the final **-d** disappears, to avoid confusion with the past participle being used as an adjective:

Examples: **Levantaos.**
Get up.

Sentaos.
Sit down.

Negative imperatives

Negative commands – i.e. telling someone not to do something – require
the present subjunctive:

Examples: **No vayas.**
Don't go.

No tengáis miedo.
Don't be afraid.

In the case of negative imperatives, pronouns will return to their normal
position before the verb, as we saw with formal imperatives:

Examples: **No me lo des.**
Don't give it to me.

No os levantéis.
Don't get up.

Indirect imperatives

As explained at the beginning of the unit, indirect imperatives express a
desire or suggest a course of action and the subjunctive is always required
in these cases. Bearing in mind what was said in Unit 4 about the uncertain
nature of the subjunctive mood, this is logical, as these indirect commands
are not expressing facts or events which will definitely take place.

Indirect commands using the first person plural are used to suggest a
course of action as follows:

Examples: **Volvamos a casa.**
Let's go home.

Salgamos de aquí.
Let's get out of here.

In the case of reflexive verbs, the final **-s** is lost before adding the pronoun:

Example: **Sentémonos.**
Let's sit down.

It should be noted that in informal situations it is more common to use '**vamos a** + infinitive' than this subjunctive form, and in the case of the verb **ir** the subjunctive form is hardly ever used:

Examples: **Vamos a volver.**
Let's go back.

Vamos al cine.
Let's go to the cinema.

Finally we need to note the use of the indirect imperative in the third person singular or plural which can be used to express a desire, and which is often preceded by **Que . . .** :

Examples: **(Que) descanse en paz.**
May he rest in peace.

Que tengan suerte.
Let's hope they're lucky.

Exercise 5.1

Write the correct form of the imperative:

1	comer	_____ (tú)	_____ (Ud)	
2	comprar	_____ (vosotros)	_____ (tú)	
3	vivir	_____ (Uds)	_____ (Ud)	
4	escribir	_____ (tú)	_____ (vosotros)	
5	cantar	_____ (vosotros)	_____ (Uds)	
6	dar	_____ (Uds)	_____ (tú)	
7	ver	_____ (Ud)	_____ (vosotros)	
8	leer	_____ (tú)	_____ (vosotros)	

Exercise 5.2

Radical-changing and irregular verbs. Give the correct form of the imperative for the verbs given below:

1 freír (tú)

2 hacer (Ud)

3 contar (Uds)

4 saber (Ud)

5 ir (Uds)

6 dar (tú)

7 conducir (Uds)

8 poner (tú)

9 ir (Uds)

10 volver (Ud)

Exercise 5.3

Make the following sentences negative:

1 Ven conmigo.

2 Contad el dinero.

3 Vendan el piso.

4 Jugad en el parque.

5 Ve al colegio hoy.

6 Pedid un café.

7 Haz los deberes ahora.

8 Decid la verdad.

9 Salid de Madrid a las tres de la tarde.

10 Da la clase de matemáticas.

Exercise 5.4

Rewrite the following sentences replacing the direct and indirect objects with their corresponding pronouns. Be careful when there is a repetition of the indirect object. You do not need to repeat the indirect object if both (direct and indirect objects) are pronouns:

1 Escribe una carta a tu madre.
2 No mande esa postal a su esposa.
3 Comprad los juguetes allí.
4 No contéis mentiras a los niños.
5 No le des esas cosas a tu hermano.
6 Cogedle los paquetes a esa mujer.
7 Pónganse los abrigos.
8 Lee un cuento a María.

Exercise 5.5

Imperatives are used in Spanish for requests. How would you express the following? Don't forget the information in brackets!

1 Ask somebody to give you the keys. (Ud)
2 Ask somebody to listen to you. (tú)
3 Ask somebody to stop smoking. (vosotros)
4 Ask somebody to give you the bill. (Ud)
5 Ask somebody to give you their telephone number. (vosotros)
6 Ask somebody to close the door. (tú)
7 Ask somebody to put the book on the table. (Uds)
8 Ask somebody to come here. (tú)

Exercise 5.6

Express the following in Spanish:

1 Let's dance.
2 Let's go to the cinema.
3 Let's eat in that restaurant.
4 Let's go home.
5 Let's take the bus.

Exercise 5.7

Here is a list of dos and don'ts for San Fermín, the tradition of running with bulls in Pamplona (Spain). The imperatives are in the **tú** form. Rewrite the sentences with the **Ud** form. You may need to change some of the adjectives and other pronouns in the sentences so that they agree with the new subject.

1   Piénsatelo bien antes de correr y no intentes correr todo el encierro. Elige un tramo y retírate de la carrera cuando estés cansado.

2   No corras estando bebido. Es muy peligroso tanto para tí como para los demás.

3   Permanece atento a todo lo que ocurre a tu alrededor y no molestes a los demás. No seas un obstáculo para los que están corriendo.

4   No toques ni llames a los animales y nunca corras detrás de ellos.

5   No lleves nada encima que pueda entorpecer tu carrera.

6   Si te caes al suelo, no te levantes. Quédate totalmente quieto y protégete con las manos hasta que pase el peligro.

Cultural brief

Los San Fermines

La fiesta en honor de San Fermín se celebra de una manera muy especial durante el mes de julio en Pamplona (España). La fiesta empieza el 6 de julio, a mediodía, en el llamado *txupinazo* en la Plaza del Ayuntamiento. Es entonces cuando el alcalde o la alcaldesa sale al balcón del ayuntamiento y después de tirar un cohete al aire grita « ¡Pamploneses, Viva San Fermín, Gora San Fermín! ».

Lo más famoso de la fiesta son *los encierros*, que son carreras que hace la gente todas las mañanas – y que empiezan a las ocho en punto – del 7 al 14 de julio delante de los toros que se van a torear esa tarde en la plaza. Es una tradición ancestral que se celebra desde hace 400 años pero es muy peligrosa porque mucha gente que corre no son pamploneses y no saben cómo hacerlo. Todos los años hay graves accidentes, algunos incluso mortales, de gente que se pone a correr delante de los toros. El ayuntamiento de Pamplona todos los años intenta evitar estos accidentes publicando folletos informativos con recomendaciones como:

•   Piénsatelo bien antes de correr y no intentes correr todo el encierro. Elige un tramo y retírate de la carrera cuando estés cansado.

- No corras estando bebido. Es muy peligroso tanto para ti como para los demás.
- Permanece atento a todo lo que ocurre alrededor de ti y no molestes a los demás. No seas un obstáculo para los que están corriendo.
- No toques ni llames a los animales y nunca corras detrás de ellos.
- No lleves nada encima que pueda entorpecer tu carrera.
- Si te caes al suelo, no te levantes. Quédate totalmente quieto y protégete con las manos hasta que pase el peligro.

A pesar de esto hay muchas personas irresponsables durante las fiestas que no atienden a estas recomendaciones.

Las fiestas de San Fermín son una de las tradiciones populares más famosas en España aunque también tienen muchos detractores porque, aunque hay una procesión con el santo, muchas de sus actividades se realizan alrededor de los toros y se asocian al exagerado consumo de alcohol. Las fiestas terminan con « el pobre de mí », a las doce de la noche del día 14 de julio en la Plaza de Ayuntamiento de nuevo, cuando los pamploneses cantan « pobre de mí, pobre de mí, que se han acabado las fiestas de San Fermín ».

Key vocabulary for the unit

a pesar de	in spite of
atender a	to pay attention to
caldo (m)	stock
cascar	to break
cohete (m)	rocket (fireworks)
deberes (m)	homework
detractor (m)	critic
entorpecer	to get in the way
folleto (m)	leaflet
molestar	to disturb, to be a nuisance
mortal	fatal
olla (f)	deep pan
procesión (f)	procession
recomendación (f)	advice, recommendations
tramo (m)	stretch

UNIT SIX
Subjunctive after verbs of influence

As we saw in Unit 4, the subjunctive is used in many cases in Spanish when the infinitive would be used in English:

Example: I want you to go.
           Quiero que vayas.

In the above example the subject of the verb **quiero** is not the same as the subject of the verb **vayas**.

Another way of looking at it is that the verb **quiero** is expressing a definite action, whereas **vayas** may or may not happen – hence the use of the subjunctive.

The subjunctive is used in all cases such as this, when one person is trying to influence the action of another in some way. Other verbs which are used in the same way include:

aconsejar (to advise)
consentir (to consent)
decir (to tell)
permitir (to allow)
preferir (to prefer)
prohibir (to forbid)
rogar (to beg/to plead)

This list is not exhaustive, but could include any 'verb of influence' when there is a change of subject and one person is trying to influence the actions of another in some way:

Examples: **Te aconsejo que compres el coche.**
           I advise you to buy the car.
           Literally: I advise that you buy the car.

Nos ruega que no lo hagamos.
He begs us not to do it.
Literally: He begs us that we don't do it.

Su madre le prohíbe que vaya.
His mother forbids him to go.
Literally: His mother forbids that he should go.

Preferimos que esperes un rato.
We prefer you to wait a while.
Literally: We prefer that you wait a while.

Les decimos que siempre digan la verdad.
We tell them to always tell the truth.
Literally: We tell them that they should always tell
the truth.

NB: Some of these verbs can in fact be used with the infinitive in much the same way as in English, particularly in a more informal context. This is particularly the case with verbs of allowing and forbidding such as **dejar**, **permitir** and **prohibir**:

Te permito salir.
I allow you to go out.

Nos prohíbe hacerlo.
He forbids us to do it.

You will never be wrong, however, if you use the subjunctive construction in all these cases and that is probably the safest course of action.

Exercise 6.1

Imagine that you are representing all the staff in your company. You are meeting your boss in an attempt to improve your working conditions. Complete the following sentences with your demands. Be careful because the sentences with **se** are passive so you have to take into account what the subject is:

1 El sindicato quiere que _____ (haber) más comunicación
   entre la dirección y los trabajadores.

2 Los trabajadores piden que la dirección _____ (tener) más en
   cuenta cuestiones de seguridad laboral.

3   Queremos que las personas con hijos pequeños _____ (poder)
    tener un horario flexible.

4   El departamento de limpieza quiere que se les _____ (pagar)
    las horas extras.

5   Pedimos que no se _____ (permitir) fumar en las oficinas.

6   Queremos que _____ (bajar) los precios de la comida en la
    cantina.

7   Queremos que la compañía _____ (ofrecer) más incentivos.

8   Pedimos que la dirección _____ (establecer) un plan de
    pensiones para los trabajadores.

Exercise 6.2

Make sentences with the information given as in the example.

> Example: ¿Tú /consentir/ tu hijo/ hacer/ eso?
> **¿Consientes que tu hijo haga eso?**

1   Yo/ no consentir/ Loreto/ llegar/ tan tarde.

2   Nosotros/ permitir/ los niños/ jugar/ en el parque.

3   ¿Uds/ no permitir/ entrar/ perros/ en su restaurante?

4   Marta y Juanjo/ permitir/ el gato/ dormir/ en el salón.

5   ¿Mario/ consentir/vosotros/ fumar/ en su casa?

6   La directora/ no permitir/ Lola/ dar/ clases por la noche.

7   Elena/ no consentir/ los niños/ comer/ viendo la televisión.

8   Nosotros/ consentir/ Julia/ utilizar/ nuestro coche/ los fines de
    semana.

Exercise 6.3

Express the following as a prohibition, as in the example.

> Example: I don't want you to smoke here.
> **Te prohíbo que fumes aquí/acá.**

1   I don't want you (**Uds**) to sell the flat.

2   They don't want us to play in the park.

3 She doesn't want him to go to the cinema.

4 We don't want you (**tú**) to go out today.

5 You (**vosotros**) don't want them to watch the television.

6 I don't want her to talk to me.

7 She doesn't want you (**Ud**) to tell the truth.

8 They don't want me to buy that car.

Exercise 6.4

Read the following letters sent to a problems page and then give the advice
as indicated:

*Me ha dicho una amiga que mi marido está enamorado de una
compañera de trabajo y que sale con ella de vez en cuando después
de trabajar a tomar una copa. Ella les ha visto en un bar varias veces
en actitud cariñosa. Él dice que no hay nada entre ellos, que son sólo
buenos amigos pero nosotros cada vez hacemos menos cosas juntos.
Yo no tengo trabajo y si él me deja, voy a tener problemas para
mantenerme a mí y a mis hijos ¿Qué puedo hacer?*

1 Advise her to talk to her friend about it.

2 Advise them to talk about their relationship.

3 Advise them to do more things together.

4 Advise her to do a computing course.

5 Advise her to look for a job.

*Tengo 17 años y llevo cuatro años saliendo con un chico de 18.
Los dos trabajamos en una fábrica y estudiamos por la noche.
Somos independientes en cuestiones de dinero pero vivimos con
nuestros padres. Queremos comprarnos una casa y casarnos pero
nuestros padres dicen que somos demasiado jóvenes y que
deberíamos esperar un poco. ¿Qué hacemos?*

6 Advise them to buy the house.

7 Advise them to talk to their parents about their feelings.

8 Advise them not to leave their studies.

9 Advise them to think about all their options.

10 Advise them to wait for a couple of years.

Exercise 6.5

Complete the following letter with the verbs in the box.

Querida Esperanza:

¿Cómo estás? Te ruego que me (1) _____ por no haberte escrito antes y quiero que (2) _____ que aunque no te he escrito, no me he olvidado de ti.

He conocido a un chico y llevo dos meses saliendo con él. Él me ha pedido que nos (3) _____ a vivir juntos y queremos casarnos el año que viene. Mi madre me aconseja que no (4) _____ el loco y me ha pedido que (5) _____ un tiempo antes de hacer nada.

Yo estoy segura de que quiero casarme porque Rafael es un chico estupendo y muy generoso. Nunca consiente que yo (6) _____ nada cuando salimos. Además no quiere que (7) _____ mis estudios y me ha pedido que no (8) _____ para poder concentrarme más en la universidad. ¡Siempre me dice que (9) _____ en mi futuro!

Quiero que (10) _____ a conocerle. ¿Qué fin de semana te viene bien?

Un beso,
Ana

sepas	**pague**	**hagamos**	**trabaje**
abandone	**perdones**	**esperemos**	**vayamos**
	piense	**vengas**	

Exercise 6.6

Complete the following text with the appropriate form of subjunctive of the verbs in the box:

UNICEF tiene proyectos importantes en Bolivia de ayuda a la infancia. En Casa Kantuta (en El Alto, cerca de La Paz), por ejemplo, se recogen a niñas de la calle y se les ayuda a tener una vida mejor. UNICEF quiere que todos los niños del mundo

_____ (1) en condicionas dignas. Sus campañas piden a los
países desarrollados que _____ (2) a la infancia de países menos
favorecidos y ruegan que la gente _____ (3) generosamente
para poder desarrollar sus proyectos. No se puede consentir que en
países como Bolivia _____ (4) miles de niños que viven en la
calle, abandonados, sin acceso a una vivienda o a la educación.
Es importante que los gobiernos de todo el mundo _____ (5)
la infancia como una de sus prioridades y que _____ (6) que se
respeten y se _____ (7) los derechos de los niños.

dar	**ayudar**	**vivir**	**considerar**
	cumplir	**haber**	**exigir**

Cultural brief

La pobreza en Bolivia

En Bolivia existen casi 9 millones de habitantes de los cuales la mitad viven
con menos de dos dólares diarios. La pobreza es, por tanto, uno de los
mayores problemas sociales de este país a pesar de que tiene grandes
recursos naturales y una gran reserva de gas.

Bolivia tiene una sociedad compuesta en su mayor parte por indígenas
y mestizos pero desde su independencia ha estado gobernada por blancos
que han permitido que la riqueza se quede sólo en manos de unos pocos
en lugar de beneficiar a todo el país. Según algunas organizaciones
internacionales en Bolivia existe un gran racismo contra la población
indígena y mestiza; estas organizaciones piden que el gobierno escuche a
esta población e intente solucionar sus problemas.

Los bolivianos piensan que ya es hora de que el país tenga un gobierno
que esté interesado en acabar con la pobreza. Quieren que las empresas
de hidrocarburos dejen de estar controladas por multinacionales y que se
nacionalice el gas para que así la economía del país se pueda beneficiar de
sus propios recursos naturales. Creen que no se puede consentir que Bolivia
posea uno de los índices de desigualdad social y económica más altos de
toda América Latina.

Las organizaciones internacionales piden que se acabe con la desigualdad
social a través de programas que permitan que se desarrollen oportunidades
para que todos los niños reciban una educación y se acabe con el trabajo

infantil, sobre todo en las minas, uno de los problemas sociales más graves de este país.

La pobreza infantil en Bolivia se ve claramente en su capital, La Paz, donde según algunas organizaciones hay muchos niños que viven en la calle, en la mayoría de los casos sin nadie que les cuide. Se ganan la vida haciendo pequeños trabajos o a través de la delincuencia. Son niños abandonados por la sociedad y el gobierno bolivianos cuya única esperanza de futuro es poder participar en un programa internacional de ayuda social a la infancia. La mayoría de estos niños, sin embargo, no consiguen que nadie les preste atención.

Key vocabulary for the unit

cantina (f)	canteen
cariñoso	loving
digno	decent
establecer	to establish, to set up.
exigir	to demand
hidrocarburo	hydrocarbon
horario flexible (m)	flexitime
incentivo (m)	incentive
laboral	work-related
plan de pensiones (m)	pension plan
seguridad (f)	security

UNIT SEVEN
Subjunctive after verbs of emotion

Emotions are not necessarily facts, therefore following our logic that the subjunctive is used when actions may or may not be definite, you would expect to find the subjunctive used when emotions are being expressed.

If a verb of emotion is used in the main clause, then the verb in the subordinate clause is generally in the subjunctive:

Examples: I am sorry (that) you are unable to go.
Siento que no puedas ir.

I am pleased (that) you are here.
Me alegro de que estés aquí.

I hope (that) you like it.
Espero que te guste.

The subordinate clause is not always introduced by 'that' in English, which sometimes makes it a little more difficult to recognise, but the **que** cannot be omitted in Spanish.

Other verbs which are used in this way include:

Temer que	to be afraid that
Tener miedo de que	to be afraid that
Extrañarse de que	to be surprised that
Sorprenderse de que	to be surprised that
Lamentar que	to regret that
Estar contento/triste etc. de que	to be happy/sad that

In the case of **esperar**, it is more usual to find it used with the indicative when the meaning is 'to expect' rather than 'to hope' because the second verb is more likely to become a reality if the speaker 'expects' rather than 'hopes' it will happen:

Examples: I expect you will arrive on time.
Espero que llegarás a tiempo.

I hope you will arrive on time.
Espero que llegues a tiempo.

The verb **temerse** does not always imply the emotion 'fear', but is often used to mean 'I'm afraid' when you apologise for something that is going to happen, as in the example below. In such cases it does not take the subjunctive.

I'm afraid I will be a bit late.

The speaker is not literally 'afraid', but is really saying that he thinks he will be late, therefore there is no need to use a subjunctive in this sentence:

Me temo que voy a llegar un poco tarde.

Careful observation of how these verbs are used by native speakers will help you to get a feel for them, as hard and fast rules do not always apply to the use of the subjunctive – remember it is a 'mood', not a tense.

Impersonal expressions

There are also some impersonal expressions which are followed by the subjunctive, as they are also expressing emotions:

Examples: **Me molesta que no me contestes.**
It irritates me that you don't answer me.

Nos extraña que nos trates así.
We are surprised that you are treating us like this.

No me gusta que hables mal de mi madre.
I don't like you criticising my mother.

Exercise 7.1

Complete the sentences as in the example:

Me molesta ir de compras.
Me molesta que Mario . . .

Me molesta que Mario vaya de compras.

1 No nos gusta volver a casa tarde.
  No nos gusta que Rocío . . .

2 Tengo miedo de viajar a la selva sola.
  Tengo miedo de que Ana . . .

3 Arancha siente no poder ir a la fiesta.
  Arancha siente que Pepe . . .

4 Les alegra ganar el partido.
  Les alegra que el Real Madrid . . .

5 No me gusta conducir por la noche.
  No me gusta que Ángela . . .

6 ¿Os molesta poner la televisión?
  ¿Os molesta que Julia . . .?

7 Esperamos poder volver pronto a Panamá.
  Esperamos que Luis y Danixa . . .

8 Lamentan tener que darte esta noticia.
  Lamentan que Mayte . . .

Exercise 7.2

Complete the following sentences with the appropriate form of the present tense of the verb in brackets.

1 Me alegra que tu hermano _____ (volver) a Madrid.

2 Estamos contentos de que Marta _____ (casarse) con Juan.

3 A Mayte no le gusta que Rafa _____ (utilizar) su coche.

4 Laura tiene miedo de que Luis _____ (comer) demasiado.

5 Lola está contenta de que Jesús _____ (aprobar) el examen.

6 Mario está entusiasmado de que Rocío _____ (jugar) al golf.

7 Les molesta que Elena _____ (fumar).

8 Loreto está contenta de que Mar _____ (tener) novio.

9 A Carmen le extraña que Vicente _____ (no escribir) a su madre.

10 Se lamentan de que el Barcelona _____ (perder) el partido.

Exercise 7.3

Express the following in Spanish using the expressions given to you in brackets, as in the example.

I hope Juanjo passes his exams. (esperar que)
Espero que Juanjo apruebe los exámenes.

1 It irritates me that Loreto smokes. (molestar que)

2 It surprises her that Luis is here. (sorpenderse de que)

3 They are pleased that you (tú) can come. (alegrarse de que)

4 I don't like her to work on Saturdays. (no gustar que)

5 We're afraid we won't get there in time. (temer(se) que)

Exercise 7.4

Imagine that you are a famous politician and you have to write about your fears, likes and dislikes for a newspaper. Answer the 'quick' questions they have given you with the information given in brackets (some answers will need the subjunctive, others will not).

1 ¿De qué tiene miedo? (there is no peace in the world)

2 ¿De qué se alegra? (people can live better)

3 ¿Qué le molesta de este gobierno? (they don't listen to the people)

4 ¿Qué lamenta? (I can't do more for the environment)

5 ¿Qué le gusta de su trabajo? (making people happy)

6 ¿De qué se sorprende? (people drink and drive)

Exercise 7.5

Complete the following text with the correct form of the subjunctive of the verbs in the box.

Los panameños están muy orgullosos de su Canal pero temen que su ampliación _____ (1) a la economía panameña en una situación insostenible. Tienen miedo de que el país no _____ (2) pagar la deuda y muchos se sorprenden de que el gobierno no

_____ (3) en las consecuencias que esta deuda puede tener para el país. Algunos panameños se lamentan de que no se _____ (4) de inversión extranjera en la ampliación y esperan que el gobierno _____ (5) y no _____ (6) en que _____ (7) sólo los panameños los que _____ (8) que pagar la factura de la ampliación.

recapacitar	**insistir**	**poner**	**ser**
poder	**pensar**	**hablar**	**tener**

Cultural brief

El Canal de Panamá

El Canal de Panamá une el océano Atlántico (por el mar Caribe) con el océano Pacífico (en el golfo de Panamá) y es considerado como una de las maravillas del mundo moderno. Se empezó a construir a finales del siglo XIX con capital francés debido a la experiencia y éxito que los franceses habían tenido en la construcción del Canal de Suez pero fueron los estadounienses los que finalizaron las obras a principios del siglo XX y los que mantuvieron su explotación hasta el año 1999, cuando pasó a estar completamente bajo control panameño. Esta explotación hizo que las relaciones entre Panamá y EEUU fueran muy difíciles durante todo el siglo XX.

Ahora el gobierno panameño quiere ampliar el canal posiblemente con un tercer grupo de esclusas y esto está provocando un serio debate a nivel nacional. A muchos les sorprende que ningún país o naviera que utiliza el canal como ruta de tránsito esté interesado en aportar fondos para la ampliación y les preocupa que el nuevo grupo de esclusas acabe con el habitat de muchos campesinos en un país que ya tiene una extensión territorial muy pequeña. También se lamentan del impacto medioambiental que la ampliación pueda tener en la región. Los detractores muestran su desacuerdo con el esfuerzo económico que la ampliación supone para su país ya que dicen que Panamá tardaría unos 60 años en recuperarse de la deuda. Se prevé que la ampliación cueste de cinco mil a ocho mil millones de dólares y esté terminada para el 2014.

Muchos panameños tienen miedo de que su economía se hunda ante la presión de una deuda que no beneficia a Panamá sino que beneficia principalmente a los intereses económicos de grandes potencias económicas como EEUU y Japón.

El gobierno, por su parte, está convencido de que la ampliación es beneficiosa para el país ya que esperan que sea un motor para el desarrollo nacional con la creación de nuevos puestos de trabajo, un mayor volumen de tráfico por el canal y nuevas inversiones internacionales en su país, especialmente en el área del turismo, un área que el gobierno panameño está haciendo muchos esfuerzos en desarrollar en la actualidad.

Key vocabulary for the unit

aportar	contribute
área (f)	area (but NB: **el/un** in singular)
beneficioso	beneficial
desacuerdo (m)	disagreement
detractor (m)	critic
deuda (f)	debt
esclusa (f)	lock
EEUU (m, plural)	USA
estadounidense	from the USA
fondos (m)	funds
golfo (m)	gulf
hundirse	to sink, to collapse
insostenible	unsustainable
inversión (f)	investment
lamentarse de	to complain about
maravilla (f)	wonder
medioambiental	environmental
naviera (f)	shipping company
orgulloso	proud
potencia (f)	power
presión (f)	pressure
prever	to foresee
recapacitar	to reconsider
ruta (f)	route
unir	to join

UNIT EIGHT
Subjunctive after impersonal expressions

An impersonal expression is one which does not have a personal subject. This often means the expression consists of the verb 'to be' + adjective + 'that' + verb:

> Examples: It is possible that . . .
> It is unlikely that . . .
> It is incredible that . . .
> It is amazing that . . .

The verb 'to be' can be used in any tense:

> Examples: It was important that . . .
> It will be unlikely that . . .

Spanish uses the same sort of construction: **ser** + adjective + **que** + verb:

> Examples: **Es importante que . . .**
> **Es increíble que . . .**

We saw in Unit 7 that the subjunctive is used after impersonal expressions which can be classed as 'emotions':

> Examples: **Es triste que tengas esas dudas.**
> It is sad that you have those doubts.
>
> **Es lamentable que tengas tantos problemas.**
> It is regrettable that you have so many problems.

In fact the subjunctive is used after *all* impersonal expressions except those implying certainty. This is consistent with our notion of the subjunctive expressing something which is not certain and which may or may not actually happen:

Examples: **Es posible que tengamos tiempo.**
It is possible that we will have time.
(We may have time)

Es probable que vaya en agosto.
It is probable that I will go in August.
(I will probably go in August)

Es increíble que no lo hayas visto.
It is incredible that you haven't seen it.

NB: These expressions can be used in any tense, but as we have so far only seen the present tense of the subjunctive, we will limit their use to the present tense for the moment.

Other impersonal expressions which behave in this way are:

Es de extrañar que ...	It is surprising that ...
Es dudoso que ...	It is doubtful that ...
Es importante que ...	It is important that ...
Es impensable que ...	It is unthinkable that ...

There are other ways of expressing these ideas which do not follow exactly the same construction, but nevertheless still require the use of the subjunctive.

Examples: **Puede que lleguemos tarde.**
We may arrive late.
(It is possible that we will arrive late)

Posiblemente tenga que volver.
I will possibly have to return.

Logically those expressions which imply knowledge or certainty do not require the use of the subjunctive:

Examples: **Es cierto que ha recibido el mensaje.**
He has definitely received the message.
(It is certain that ...)

No cabe duda de que *es verdad.
There is no doubt that it is true.

*Nowadays you will often hear the subjunctive being used after **no cabe duda de que ...**. This is because of the association of the word **duda** with the subjunctive.

Other such expressions which do not require the use of the subjunctive are:

Es seguro que ...	It is certain that ...
Es verdad que ...	It is true that ...
Es correcto que ...	It is correct that ...

Exercise 8.1

Choose the correct verb form from those given in brackets to complete the following sentences.

1   Es importante que _____ más. (reciclemos, reciclamos, reciclaremos)

2   Es triste que los países desarrollados _____ toneladas de basura al día. (producirán, producen, produzcan)

3   Es lamentable que los gobiernos no _____ más atención a los problemas medioambientales. (prestan, presten, prestarán)

4   Es increíble que algunos países no _____ que haya un calentamiento global del planeta. (creen, crean, creerán)

5   No es de extrañar que cada año _____ más sequía. (hay, haya, habrá)

6   Puede que para el año 2100 _____ un grave problema de falta de agua en el planeta. (exista, existe, existirá)

7   Es probable que con el calentamiento global _____ la hambruna en África. (aumenta, aumente, aumento)

Exercise 8.2

The following text deals with racism and immigration in Spain. Insert the correct verb in each blank from the list in the box.

Es lamentable que todavía _____ (1) el problema del racismo en algunos sectores de la población en España. Es cierto que la inmigración _____ (2) mucho en las últimas décadas pero es triste que algunos españoles no se _____ (3) a convivir con las personas que cada día _____ (4) a su país buscando una mejor calidad de vida. Puede que con el tiempo las nuevas generaciones _____ (5) más positivas con respecto a la inmigración; no cabe duda de que el gobierno _____ (6) haciendo un gran esfuerzo para acabar con el racismo y la violencia. Es increíble que, con el grave problema del envejecimiento de la población que hay en España, algunos españoles todavía _____ (7) que la inmigración es innecesaria.

llegan	**está**	**acostumbren**
ha aumentado	**sean**	**piensen**
	exista	

Exercise 8.3

You are having an interview with your boss about a project that you are leading. Use the impersonal expressions given to provide the answer shown in English in brackets, as in the example below:

Example: ¿Qué es importante en el trabajo de su equipo?
           (that there is communication)

           Es importante que ...
           Es importante que haya comunicación.

1   ¿Por qué tienen que ir a Barcelona?
    (important for us to visit our clients)
    Es importante que ...

2   ¿Cuánto tiempo van a estar allí? (probably 2 weeks)
    Es probable que ...

3   ¿Qué esperan conseguir en este viaje? (we increase sales)
    Es posible que ...

4   ¿Conseguirán nuevos clientes? (possibly 10 more)
    Posiblemente ...

5   ¿Necesita a todo su equipo en Barcelona?
    (it is necessary for us to be together)
    Es necesario que ...

6   ¿Utilizarán la misma estrategia de la última vez?
    (we may change it)
    Puede que ...

7 ¿Sabe que el Sr Abad no podrá acompañarles?
   (it is a pity he cannot come to Barcelona)
   Sí, es lamentable que . . .

Exercise 8.4

Imagine that you want to write a letter to a Spanish newspaper about the traffic pollution in Spanish cities. How would you express the following in Spanish?

1 It is incredible that there is so much traffic in Spanish cities.

2 It is important that there is more public transport.

3 It is not surprising that children have respiratory problems.

4 It is necessary that people stop (**dejar de**) using cars.

5 It is sad that the government has no environmental policies.

Exercise 8.5

Complete the following text with the correct form of the subjunctive of the verbs in the box.

El Amazonas es una de las reservas naturales más importantes que existen en el planeta, por eso es importante que todos los gobiernos del mundo _____ (1) conscientes de la necesidad de su conservación. Es increíble que todavía se _____ (2) la tala de árboles en su cuenca y es lamentable que no _____ (3) programas adecuados de conservación para evitar la contaminación tanto del río como de su entorno. Es triste que ya _____ (4) muriendo muchas de sus especies animales y que nosotros no _____ (5) nada para evitarlo. Es una pena que los gobiernos no _____ (6) a los grupos ecologistas porque puede que ya _____ (7) demasiado tarde para evitar el calentamiento del planeta y sus consecuencias para la humanidad.

ser (2)	**haber**	**hacer**
estar	**escuchar**	**permitir**

Cultural brief

El Amazonas

El río Amazonas, llamado así por las antiguas leyendas de las mujeres guerreras que habitaban la región, es el segundo más grande del mundo con una longitud de más de 6.500 kilómetros (el río más largo es el Nilo). El Amazonas nace en la cordillera de los Andes y desemboca en el océano Atlántico al norte de Brasil, después de pasar por Colombia, Brasil, Perú y Venezuela. Tanto el río como su cuenca (llamada la Amazonía, que se extiende, además de por todos los países por los que fluye el río, también por Ecuador) están considerados una de las reservas naturales más importantes del mundo y el mayor ecosistema del planeta.

La conservación de la selva amazónica, por tanto, se ha convertido en una de las prioridades más importantes para los grupos ecologistas ya que su degradación o parcial desaparición sería una de las catástrofes ecológicas más irreversibles del planeta, sobre todo en lo que respecta al calentamiento global y la desaparición de muchas especies endémicas tanto animales como vegetales.

Los movimientos ecologistas creen que es necesario que todos seamos conscientes de lo importante que es que no haya más deforestación en la selva ya que es seguro que, si se talan más árboles de manera ilegal en la Amazonía, se acelera el calentamiento global del planeta.

Es lamentable que, debido a la tala descontrolada e ilegal de árboles, la Amazonía esté empezando a experimentar sequía e incendios forestales, sobre todo en Brasil y Perú, donde los ríos de la selva han empezado a reducir su caudal. No es de extrañar, por tanto, que cada vez se observen más problemas no sólo en lo relativo a su ecosistema y biodiversidad sino también en lo referente a las poblaciones humanas que habitan la cuenca de estos ríos.

Es triste que el bajo nivel de agua de los ríos y un mayor tráfico fluvial (descontrolado) hayan provocado una mayor contaminación del Amazonas, lo que ha causado la muerte de muchos peces y, como consecuencia, la hambruna y el desequilibrio en el area, así como enfermedades en la población.

El cambio climático, por tanto, es ya evidente en la Amazonía, especialmente en Perú y en Brasil, y no cabe duda de que es responsabilidad de todos los habitantes del planeta su conservación.

Key vocabulary for the unit

acelerar	to speed up
amazona (f)	horsewoman
basura (f)	rubbish
calentamiento global (m)	global warming
caudal (m)	water level
convivir	to live with
cordillera (f)	mountain range
cuenca (f)	basin
deforestación (f)	deforestation
degradación (f)	degradation
desaparición (f)	disappearance
desembocar en	flow into
ecologista	environmentalist
ecológico	environmental
endémico	endemic
enfermedad (f)	illness
entorno (m)	environment
equipo (m)	team
fluir	to flow
fluvial	relating to the river, river (adj.)
hambruna (f)	famine
incendio forestal (m)	forest fire
leyenda (f)	legend
liderazgo (m)	leadership
medioambiental	environmental
reciclar	recycle
respiratorio	respiratory
sequía (f)	drought
talar	to cut (trees)
vegetal (m)	plant (not 'vegetable')
utilizar	use

UNIT NINE
The imperfect subjunctive

Formation

The starting point for the formation of most tenses in Spanish is the infinitive, from which the **-ar**, **-er** or **-ir** is removed and then a particular set of endings added. In the case of the imperfect subjunctive, however, the starting point should be the third person plural ('they') of the preterite. If we start from this form, minus the **-ron**, there are no irregular verbs in the imperfect subjunctive.

Examples: *Infinitive*   **comprar**
Preterite   **compraron**

Starting point for imperfect subjunctive   **compra . . .**

Infinitive   **tener**
Preterite   **tuvieron**

Starting point for imperfect subjunctive   **tuvie . . .**

Infinitive   **ser**
Preterite   **fueron**

Starting point for imperfect subjunctive   **fue . . .**

There are two alternative sets of endings for the imperfect subjunctive; it is important to bear in mind that these are alternative forms for *all* types of verbs, whether they are regular **-ar, -er,** or **-ir,** or irregular verbs. The first set of endings is shown below.

	First-set endings	*Imperfect subjunctive*
yo	**-ra**	**comprara** vendiera tuviera fuera

tú	**-ras**	**compraras** **vendieras** **tuvieras** **fueras**
él/ella/usted	**-ra**	**comprara** **vendiera** **tuviera** **fuera**
nosotros/-as	**-ramos**	**compráramos** **vendiéramos** **tuviéramos** **fuéramos**
vosotros/-as	**-rais**	**comprarais** **vendierais** **tuvierais** **fuerais**
ellos/ellas/ustedes	**-ran**	**compraran** **vendieran** **tuvieran** **fueran**

Note Notice that a stress mark is required on the vowel preceding the first person plural (**nosotros**) ending. This conforms to the normal rules of stress and pronunciation, as the natural stress would have fallen on the penultimate syllable if the stress mark was not added.

The alternative set of endings is shown in the table below.

	Alternative endings	*Imperfect subjunctive*
yo	**-se**	**comprase** **vendiese** **tuviese** **fuese**
tú	**-ses**	**comprases** **vendieses** **tuvieses** **fueses**

él/ella/ustedes	-se	comprase
		vendiese
		tuviese
		fuese
nosotros/-as	-semos	comprásemos
		vendiésemos
		tuviésemos
		fuésemos
vosotros/-as	-seis	compraseis
		vendieseis
		tuvieseis
		fueseis
ellos/ellas/ustedes	-sen	comprasen
		vendiesen
		tuviesen
		fuesen

Note Notice that the first person plural again requires a stress mark. This is required to show that the stress does not fall on the last but one syllable, which it normally does in words ending in **-s**.

Use of imperfect subjunctive

As a general rule the imperfect subjunctive is used in the same circumstances as the present subjunctive but when the main verb is in the past tense:

Examples: *Present:*   **Quiero que vayas.**
I want you to go.

Past: **Quería que fueras/fueses.**
I wanted you to go.

Present: **Es importante que lo hagas.**
It is important that you do it.

Past: **Era importante que lo hicieras/hicieses.**
It was important that you did it.

Present: **Nos aconseja que lo compremos.**
He advises us to buy it.

Past: **Nos aconsejó que lo compráramos/
comprásemos.**
He advised us to buy it.

We will see further uses of the imperfect subjunctive in future units.

Exercise 9.1

Write the two forms of the imperfect subjunctive for the following infinitives.
Use the information in brackets about the person of the verb required.

1 trabajar (él)   _____   _____

2 correr (nosotros)   _____   _____

3 escribir (Uds)   _____   _____

4 besar (yo)   _____   _____

5 ver (vosotros)   _____   _____

6 partir (tú)   _____   _____

7 cantar (ellos)   _____   _____

Exercise 9.2

Give the correct form of the imperfect subjunctive of the verb in brackets
(you will find both forms in the answer key so you can choose either here):

1 Era importante que Marta _____ a Alicante. (ir)

2 Era probable que Rafael _____ el ganador. (ser)

3 Esperaba que Mar y Loreto _____ a mi casa. (venir)

4 Era posible que Mario y Elena _____ un coche rojo.
   (conducir)

5 Es dudoso que yo _____ eso. (decir)

6 Era importante que Ud _____ en esa reunión. (estar)

7 Era impensable que vosotros _____ por el bosque solos de
   noche. (andar)

8 No era de extrañar que tú _____ dinero a los pobres. (dar)

9 No era probable que Uds _____ comprar ese negocio.
   (querer)

10 Puede que nosotros no _____ el accidente. (ver)

Exercise 9.3

Change these sentences into the past (with the main verb in the imperfect) as in the example.

    Example: Quiero que María vaya al colegio mañana.
                  Quería que María fuera/fuese al colegio mañana.

1 Quieren que Maite haga la cena esta noche.

2 ¿Quiere que vuele a Santiago?

3 No queremos que los niños traigan la pelota.

4 Quiero que Begoña salga de ahí.

5 ¿Queréis que Rocío oiga esa música?

6 No quieres que Juanjo ponga la mesa.

7 Lola quiere que Jesús ande una hora todos los días.

8 Ángela quiere que Julia se ponga mejor.

Exercise 9.4

Change these sentences into the past (with the main verb in the preterite) as in the example.

    Example: No consiento que Arancha juegue con esos niños.
                  No consentí que Arancha jugara/jugase con esos niños.

1 ¿Permites que Elena llegue siempre tarde?

2 ¿No le aconsejan que deje de fumar?

3 Les prohíbo que entren a esa zona.

4 Sienten que os tengáis que ir.

5 Tiene miedo de que su novia le deje.

6 ¿Os molesta que vaya con mi perro?

7 ¿Le digo que Luis no venga a la fiesta?

8 No te pido que sepas cómo hacerlo.

Exercise 9.5

Complete the following text with the correct form of the imperfect subjunctive of the verbs in the box.

El Che Guevara quizás _____ (1) una de las figuras más importantes de la revolución en Cuba, junto con Fidel Castro, y para muchos su persona es un mito. Aunque _____ (2) en Argentina, el Che se consideraba también cubano. Para el Che era importante que el pueblo _____ (3) que la lucha armada era el único camino para la liberación y por eso no es de extrañar que él mismo _____ (4) hasta su muerte por los pueblos oprimidos. En un mensaje para sus hijos antes de morir, el Che les instó a que _____ (5) como verdaderos revolucionarios y a que siempre _____ (6) « capaces de sentir en lo más hondo cualquier injusticia cometida contra cualquiera en cualquier parte del mundo » y les rogaba que siempre _____ (7) presente que necesitaban de los demás, que solos no valían nada.

nacer	**ser** (2)	**crecer**
tener	**luchar**	**saber**

Cultural brief

Cuba y Fidel Castro

La historia de la Revolución Cubana está llena de partidarios y detractores. A finales de los años 50, cuando Fidel Castro finalmente derrotó al dictador Fulgencio Batista, Cuba había estado bajo la opresión directa del dictador siete años. Batista sin embargo, había estado conectado al gobierno cubano muchos años más, desde 1933, o bien como presidente electo o bien controlando a los diferentes presidentes electos desde las Fuerzas Armadas. La dictadura de Batista estuvo caracterizada por su feroz represión y por su enriquecimiento personal a través de sus contactos con EEUU.

Fidel Castro había intentado derrotar a Batista en una ocasión anterior, en 1953, aunque no tuvo éxito y fue detenido. En 1955, Castro se exilió a México tras una amnistía y fue desde allí, desde donde – junto con Che Guevara y otros revolucionarios – partieron de nuevo hacia Cuba para reiniciar la lucha armada en 1956.

El 1 de enero de 1959 finalmente triunfó la Revolución Cubana y Fidel Castro subió al poder. Desde entonces su régimen totalitario de ideología marxista ha caracterizado todos los aspectos de la vida de los cubanos. Con el apoyo militar y económico de la antigua Unión Soviética, Fidel Castro emprendió una política de nacionalización de la industria y colectivización de la propiedad privada. La expropiación de los bienes que tenían los norteamericanos en Cuba provocó una ruptura de los acuerdos comerciales que los EEUU tenían con este país así como, con el tiempo y debido a su ideología comunista y su alianza con la Unión Soviética, de sus relaciones diplomáticas ya que los EEUU veían – y siguen viendo – Cuba como una amenaza a la estabilidad democrática de la región.

La caída de la Unión Soviética a principios de los 90 provocó una grave crisis económica en Cuba ya que ésta era su principal proveedora de alimentos y bienes de equipo; una crisis que se ha agravado en gran medida en los últimos años y que ha provocado un intento de apertura por parte del régimen de Castro para fomentar la inversión internacional y así equilibrar de alguna manera la balanza de pagos del país.

Key vocabulary for the unit

agravar	to aggravate
amnistía (f)	amnesty
balanza de pagos (f)	balance of payments
besar	to kiss
bien de equipo (m)	asset
caída (f)	fall
colectivización (f)	collectivisation
derrocar	to overthrow
detractor (m)	critic
EEUU (m)	United States (USA)
electo	elected
emprender	to embark on
enriquecimiento (m)	acquisition of wealth
estabilidad (f)	stability
expropiación (f)	expropriation
feroz	ferocious, violent

Fuerzas Armadas (f)	Armed Forces
ganador	winner
hondo	deep
instar	to urge
lucha (f)	fight
mito (m)	myth
nacionalización (f)	nationalisation
o bien ... o bien	either ... or
partidario (m)	supporter
poner la mesa	to set the table
ponerse mejor	to get better
propiedad (f)	property
proveedor (m)	supplier
reiniciar	restart
ruptura (f)	break
Unión Soviética (f)	Soviet Union

UNIT TEN
Subjunctive in expressions of time

In Unit 1 we saw how **antes de** and **después de** are used with the infinitive to mean 'before . . . ing' and 'after . . . ing':

Examples: **Antes de salir, apagamos la tele.**
Before going out we switched off the television.

Después de cenar, iremos al cine.
After having supper, we will go to the cinema.

In the above examples the subject of the infinitive and the subject of the main verb are the same, i.e. in the first example it is the same people who are going out and who are switching off the television, and in the second example it is the same people who are having supper and who are going to the cinema.

If the subject of the the two actions is not the same, a different type of construction must be used. Look at the following sentences:

After we finish supper, the children must go to bed.
Before you arrive, I will prepare the meal.

In the first example, the subject of the verb 'finish' is 'we' whilst the subject of the verb 'must go' is 'the children'. Similarly in the second example the subject of the verb 'arrive' is 'you', whilst the subject of the verb 'prepare' is 'I'.

In these cases the infinitive construction with **antes de** or **después de** cannot be used, and instead you must use **antes de que . . .** or **después de que . . .** followed by a subjunctive:

Examples: **Después de que terminemos la cena, los niños deben acostarse.**
Antes de que llegues, voy a preparar la comida.

NB: The subjunctive is used only when the action has not yet happened, therefore **después de que ...** will be followed by an indicative if the sentence is in the past:

Example: After we finished, the children went to bed.
Después de que terminamos, los niños se acostaron.

Logically **antes de que ...** will always be followed by a subjunctive as the action of the verb will not yet have taken place.

Other expressions of time

There are a number of other expressions of time which also have to be followed by the subjunctive if the action of the verb has not yet taken place. These include

cuando	when
hasta que	until
en cuanto	as soon as
tan pronto como	as soon as
apenas	scarcely, as soon as
a medida que	while, as long as
mientras	while

Here are some examples of the above expressions being used with the subjunctive:

Me lo dirá cuando *llegue.*
He will tell me when he arrives.

Voy a esperar hasta que *vuelva.*
I am going to wait until he returns.

Espero que no llueva mientras *estéis* en el parque.
I hope it doesn't rain while you are in the park.

Compare these with the sentences below which do not require a subjunctive because the action has already taken place:

Me lo dijo cuando llegó.
He told me when he arrived.

Esperé hasta que volvió.
I waited until he returned.

So you can see that when the action of the verb in the main clause is in the future, the verb following the expression of time will normally be in the subjunctive.

Exercise 10.1

Give the correct form of the verb in brackets:

1 Cuando _____ (llegar) Pedro y Juan iremos al cine.

2 Compraremos la casa después de que Rocío _____ (vender) la suya.

3 Nos quedaremos aquí hasta que _____ (venir) mi hermana.

4 En cuanto _____ (llamar) Marta, salimos.

5 ¿Mientras _____ (estar, Ud) en Valencia, alquilará una casa?

6 Tan pronto como _____ (acabar, yo) el trabajo, te llamo.

7 Antes de que _____ (conocer, tú) a Loreto, te daré una fotografía suya.

Exercise 10.2

Which verb goes in which blank? Complete the following sentences with the two verbs in brackets:

1 Tan pronto como _____ , _____ para Tarragona.
   (salimos, vengan)

2 Antes de que _____ , _____ el trabajo.
   (llueva, terminaremos)

3 Mario y Ángela _____ en esa casa mientras _____ .
   (seguirán, puedan)

4 No se _____ de aquí hasta que _____ el coche.
   (muevan, llegue)

5 Apenas _____ esta llamada, _____ la reunión.
   (termine, comenzará)

6 Te _____ llevar el coche después de que _____ del mercado.
   (puedes, vuelva)

7 ¿No _____ ese libro hasta que _____ el examen?
   (tenga, necesitará)

Exercise 10.3

Decide whether the subjunctive is needed in the following sentences and complete the sentences accordingly, using the verb in brackets:

1   Cuando Maite _____ , pusimos la película. (llegar)

2   Apenas _____ los niños, nos iremos al parque. (comer)

3   Te llamaremos en cuanto _____ la noticia. (saber, nosotros)

4   _____ a casa tan pronto como acabó la reunión. (irse, ellos)

5   Estaremos en el colegio antes de que _____ Rafa. (salir)

6   Mientras _____ , Juan vivió en esa casa. (poder, él)

Exercise 10.4

Answer the following questions with **cuando** and the information provided as in the example. You will have to review the imperatives (Unit 5):

Example: ¿Cuándo te escribo? (when you can)
           Escríbeme cuando puedas.

1   ¿Cuándo te llamo? (when you arrive)

2   ¿Cuándo les pagamos? (when you (**Uds**) have money)

3   ¿Cuándo les envío a Uds el pedido? (when we ring you (**Ud**))

4   ¿Cuándo te traigo el libro? (when you (**tú**) don't need it)

5   ¿Cuándo os mandamos el regalo? (when you (**vosotros**) can)

Exercise 10.5

How would you express the following in Spanish? (*use **tú** in all sentences*)

1   Come as soon as you can.

2   You came as soon as you could.

3   Will you come as soon as you can?

4   Don't come as soon as you can!

5   You did not come as soon as you could.

Exercise 10.6

Complete the following text with the correct form of the imperfect subjunctive of the verbs in the box.

Juan Valdez es el símbolo mundial del café de Colombia. Su figura nació en 1959, después de que la Federación Nacional de Cafeteros de Colombia _____ (1) a Doyle Dan Bernbach una campaña publicitaria para su café. Su fama internacional, sin embargo, la logró a partir de 1981, después de que su imagen _____ (2) a formar parte del logotipo de la Federación y _____ (3) en todos los anuncios y paquetes de café de Colombia en el mundo.

Carlos Castañeda, el actual Juan Valdez, es un pequeño caficultor de Antioquía y nunca había montado en avión antes de que _____ (4) la elección para ser Juan Valdez y _____ (5) a Carlos Sánchez en junio de 2006, el que _____ (6) Valdez durante los últimos 25 años.

encargar	ser	ganar
reemplazar	aparecer	entrar

Cultural brief

El café de Colombia

Quizás, por desgracia, Colombia sea más conocida internacionalmente o bien por los problemas de los « narcos » o bien por las acciones de sus guerrillas (las FARCS). Lo que mucha gente no sabe es que este país es el segundo productor mundial de café, después de Brasil. El café de Colombia está considerado no sólo por su calidad de grano (variedad arábica) sino también por su sabor como uno de los mejores del mundo y representa alrededor del 12% de la producción mundial de café. El café es, por tanto, una de las riquezas más importantes de Colombia.

El cafeto (o árbol del café) no es originario de esta región, sino de Etiopía, en África, y, según cuenta una de las leyendas (porque en realidad no se sabe con certeza cómo llegó a Colombia), fueron los misioneros católicos los que lo introdujeron en el país a principios del siglo XVIII.

La geografía de Colombia y sus condiciones climáticas (su altitud con respecto al nivel del mar, sus lluvias y sus cálidas temperaturas), sin embargo, hacen que se puedan producir dos cosechas anuales, pudiendo exportar así café fresco durante todo el año al mundo.

La Federación de Cafeteros de Colombia, una de las ONGs más grandes del mundo, fue fundada en 1927 sin ánimo de lucro y agrupa a más de medio millón de familias caficultoras en Colombia. Su símbolo, representado con la figura ficticia de Juan Valdez, es el embajador del café de Colombia tanto dentro como fuera de sus fronteras.

La Federación de Cafeteros es una institución de carácter social que intenta mejorar las condiciones de vida de los caficultores así como mejorar el desarrollo de las zonas cafeteras en el país. En la actualidad, debido a la crisis mundial del café provocada por sus bajos precios, la Federación está intentando minimizar el impacto negativo de la crisis en sus miembros a través de obras sociales e inversiones en el ámbito de la educación rural, la capacitación profesional y las obras de saneamiento básico, así como el apoyo económico a los pequeños caficultores.

Para Colombia el café representa el futuro económico del país a través del cual se puede producir el desarrollo del país de una forma positiva y la Federación de Cafeteros es, sin duda alguna, una de las instituciones más importantes para poder hacer realidad este desarrollo.

Key vocabulary for the unit

alrededor	around
ámbito (m)	area
cafetero (m)	coffee grower
caficultor (m)	coffee farmer
capacitación (f)	training
católico	Catholic
certeza (f)	certainty
cosecha (f)	crop
ficticio	fictitious
grano (m)	grain
hacer algo realidad	to make something happen
logotipo (m)	logo
misionero (m)	missionary
mundial	world (adj.)
« narco » (narcotraficante) (m)	drug-trafficker

no sólo ... sino también	not only ... but also
obra (f)	work
por desgracia	unfortunately
provocar	to cause
reemplazar	to replace
sabor (m)	taste
saneamiento (m)	plumbing
sin ánimo de lucro	non-profit
tanto ... como	both ... and

UNIT ELEVEN
Subjunctive after certain conjunctions

As we have seen, the subjunctive mood tends to be used for actions which are not certain – they may or may not take place or may be hypothetical. It follows, then, that certain conjunctions are always followed by the subjunctive when it is clear that the action introduced by the conjunction is not a fact and may or may not happen. Here are a few examples.

a menos que/a no ser que (*unless*)

> **A menos que me lo digas, no puedo hacer nada.**
> Unless you tell me I can't do anything.
> (*Whether you are going to tell me or not is uncertain*)

> **No lo puedo comprar a no ser que me prestes mil euros.**
> I can't buy it unless you lend me 1,000 euros.
> (*It is uncertain whether you will lend me 1,000 euros or not*)

con tal (de) que/siempre que (*provided that*)

> **Con tal que llegues antes de las siete, podemos ir.**
> Provided that you arrive before 7 o'clock, we can go.
> (*You may or may not arrive before 7 o'clock*)

> **Vamos al concierto, siempre que consiga las entradas.**
> We'll go to the concert provided that I can get the tickets.
> (*I may or may not get the tickets*)

a condición de que (*on condition that*)

> **Te lo presto a condición de que me lo devuelvas mañana.**
> I'll lend it to you on condition that you return it to me tomorrow.
> (*It is not certain at this point that it will be returned*)

Me lo dijo a condición de que no lo repitiera.
He told me on condition that I didn't repeat it.
(*At the time when he told me it was not certain whether I would*
repeat it or not)

suponiendo que (*supposing that*)

Suponiendo que sea verdad, ¿qué vas a hacer?
Supposing it's true, what are you going to do?
(*It may or may not be true*)

Suponiendo que no termine a tiempo, ¿le pagarás?
Supposing he doesn't finish on time, will you pay him?
(*He may or may not finish on time*)

Para que/a fin de que (*so that – indicating purpose*)

Te presto el dinero para que lo compres.
I'll lend you the money so that you can buy it.
(*You may or may not actually buy it*)

Te presté el dinero para que lo compraras.
I lent you the money so that you could buy it.
(*At the time of lending the money it was not certain whether you*
would buy it or not)

There are some conjunctions which may or may not be followed by a
subjunctive, depending on whether the action is certain or not. Study these
carefully and they should clearly show you the principle behind the
subjunctive being used for actions which are not necessarily facts.

aunque (*even if*)

Aunque me lo expliques mil veces, no entiendo.
Even if you explain it to me a thousand times, I don't understand.

Aunque tenga que vender mi casa, conseguiré el dinero.
Even if I have to sell my house, I'll get the money.

But when **aunque** is used to mean 'although', it does not require a
subjunctive, because it is then a statement of fact. Compare these two
sentences:

Aunque está lloviendo, vamos a ir al parque.
Although it is raining, we are going to the park.

Aunque esté lloviendo, vamos a ir al parque.
Even if it rains, we are going to the park.

In the first sentence there is no doubt that it is raining, it is a straightforward statement of fact. In the second sentence, however, it may or may not rain; as yet this is uncertain.

a pesar de que (*in spite of the fact that*)

This functions in the same way as **aunque** – in other words, if the outcome is in the future, and therefore as yet uncertain, the subjunctive is used:

Compraré el coche, a pesar de que mis padres se opongan.
I'll buy the car in spite of the fact that (even if) my parents don't approve.

But the subjunctive is not required if there is no uncertainty as the event has already taken place:

Compré el coche a pesar de que mis padres se opusieron.
I bought the car in spite of the fact that (although) my parents didn't approve.

de modo que/de manera que (*so that – intention*)

Lo diseñó de manera que no se notaran las costuras.
He designed it so that the seams did not show.
(*That was his intention in designing it that way, whether or not the seams actually showed is uncertain*)

Habla fuerte de modo que te oigan en la última fila.
Speak up so that they hear you in the back row.
(*The intention is that they should hear you in the back row, whether they do or not is uncertain as yet*)

BUT when **de modo que** or **de manera que** are used to indicate result rather than intention, the indicative is used:

Lo diseñó de modo que no se notaban las costuras.
He designed it in such a way that the seams did not show.
(*That was the result of his design, not necessarily his intention*)

Habló fuerte, de manera que le oyeron hasta en la calle.
He spoke loudly, so much so that they even heard him in the street.
(*That was the result of him speaking loudly, not necessarily his intention*)

Exercise 11.1

Give the correct form of the present subjunctive of the verb in brackets.

1 No lo haré a menos que mi jefe me lo _____ (ordenar).

2 Suponiendo que eso _____ (ser) correcto, terminaré el informe.

3 Se lo digo para que _____ (tener, Ud) cuidado.

4 Iremos a condición de que vosotros _____ (venir) también.

5 A pesar de que lo _____ (repetir, ella) continuamente, no es verdad.

6 Comerán con nosotros siempre que _____ (llegar, ellos) a tiempo.

7 No te lo daré a menos que _____ (decir, tú) « por favor ».

Exercise 11.2

Present or past subjunctive? Where you are given a choice, cross out the incorrect form of the verb.

1 Para que no lo vieras/veas, se lo comió en su habitación.

2 Irán de compras a pesar de que lloviera/llueva.

3 Incluso suponiendo que lo supieran/sepan cuando ocurrió, no reaccionaron adecuadamente.

4 Rocío no lloraba siempre que le dieran/den lo que quería.

5 Te pagaré todo el día de hoy a pesar de que no trabajaras/trabajes hasta las ocho.

6 Con tal de que me lo dieras/des, no me importa de quien sea.

7 Lo hace así a fin de que pudiéramos/podamos entenderlo.

Exercise 11.3

Present or past subjuntive? Give the correct form of the verb in brackets.

1 A pesar de que no_____ (encontrar) el dinero, Mayte pagó las facturas.

2 Siempre ponía las llaves ahí para que yo las _____ (tomar).

3 Siempre que _____ (estar) acompañados por un adulto, los niños son bienvenidos.

4 Lo escribe de manera que _____ (parecer) que lo ha hecho su hijo.

5 No bebía café a no ser que _____ (tener) azúcar.

Exercise 11.4

Express the following in Spanish:

1 I will not go unless you take me there.

2 Supposing that Marta comes, we will go in my car.

3 He does that so that I get annoyed.

4 Pedro wrote that note yesterday so that I did not get lost.

5 Juan used to park the car there so that we could see it.

6 I can't buy that car unless the bank lends me 2,000 euros.

7 I gave her his telephone number so that she could ring him.

8 I'll lend it to Vicente on condition that he does not break it.

Exercise 11.5

Complete the following text with the correct form of the subjunctive of the verbs in the box.

A menos que los grandes recursos naturales que existen en Venezuela se _____ (1) realmente, los venezolanos seguirán siendo un pueblo con marcadas diferencias sociales y económicas a pesar de que _____ (2) la producción de petróleo más alta de América Latina. A menos que el gobierno _____ (3) los intereses de los venezolanos por encima de los intereses de la empresa privada, la situación no va a cambiar fácilmente aunque algunas organizaciones públicas _____ (4) a realizar esfuerzos para que se _____ (5) la calidad de vida, sobre todo, en las zonas rurales del país. A menos que no _____ (6) intereses privados en la producción de petróleo, el país no puede beneficiarse de manera justa de sus riquezas naturales.

| tener | nacionalizar | haber |
| poner | empezar | mejorar |

Cultural brief

Venezuela y el petróleo

Venezuela es uno de los mayores productores de petróleo del mundo, con exportaciones de crudo sólo superadas por los países árabes. El primer pozo de petróleo se descubrió en Zumaque en 1914 y desde entonces la economía de Venezuela ha estado muy íntimamente ligada a este recurso natural aunque también ha sido causa de mucho descontento social y luchas políticas, ya que no fue hasta 1943 cuando las petroleras, que estaban en manos privadas, tuvieron que empezar a pagar impuestos al estado.

En 1976, durante el gobierno de Carlos Andrés Pérez, se nacionalizó esta industria y se puede decir que es a partir de esa fecha cuando se inició el proceso político para que todos los venezolanos pudieran empezar a beneficiarse de esta riqueza natural del país. Se fundó entonces Petróleos de Venezuela (también conocida como PDVSA), una compañía estatal que tenía como misión el desarrollo de la industria petrolera, petroquímica y carbonífera, así como también el planificar, coordinar, supervisar y controlar todas actividades de sus empresas asociadas.

PDVSA sin embargo, en sus comienzos, simplemente mantuvo la estructura preexistente y, aunque ha habido muchos cambios desde entonces, Venezuela sigue todavía luchando por la defensa de su soberanía nacional o, lo que es lo mismo, una verdadera y real nacionalización de las reservas y la industria petrolera, en la que no haya intereses privados que puedan ir en contra de los intereses de la nación en materia de riqueza y desarrollo de esta industria.

No hay que olvidar que PDVSA pretende alcanzar una producción de más de 5,8 millones de barriles diarios para el año 2012 y que lo justo es que sea el pueblo venezolano el que disfrute de los beneficios generados por este recurso natural de su subsuelo. Para este fin, PDVSA creó en 2004 un fondo de desarrollo social, llamado FONDESPA, para poner los excedentes de la industria petrolera al servicio del país y trabajar así para acabar las situaciones de desigualdad social y económica que existen en Venezuela. FONDESPA invierte en programas y proyectos de desarrollo de cosas como la infraestructura, la actividad agrícola, la salud y la educación del país.

Key vocabulary for the unit

agrícola	farming
a tiempo	on time
barril (m)	barrel
bienvenido	welcome
carbonífero	coal, coal-bearing
crudo (m)	crude oil
cuyo	whose
descontento (m)	discontent, unrest
encargarse de	to be in charge of
en materia de	as regards
estatal	public, state
excedente (m)	surplus
fundar	to set up
impuesto (m)	tax
informe (m)	report
iniciar	to start
nacionalizar	to nationalise
petróleo (m)	oil
petrolera (f)	oil company
petrolero	oil (adj.)
petroquímico	petrochemical
pozo (m)	well
preexistente	pre-existing
pretender	to intend
recurso (m)	resource
soberanía (f)	sovereignty
subsuelo (m)	subsoil

UNIT TWELVE
Subjunctive in relative clauses

After an indefinite antecedent

A relative clause is one which is introduced by a relative pronoun – usually **que** – and which gives further information about the preceding noun (the antecedent). As it gives information about a noun, it can also be called an adjective (or adjectival) clause.

Just as with the other uses of the subjunctive which we have seen, the verb in the relative clause will be in the subjunctive if there is a degree of uncertainty about it. Compare these two sentences:

Busco una casa que tiene persianas verdes.

Busco una casa que tenga persianas verdes.

In the first sentence the speaker knows that the house (the antecedent) exists, it is one he has seen before and is looking for again.

In the second sentence, the speaker is looking for any house with green shutters, not one he has seen before, and it may or may not exist.

Here are some more examples:

Quiero casarme con un hombre que tiene mucho dinero.
I want to marry a man (*whom I know already*) who has a lot of money.

Quiero casarme con un hombre que tenga mucho dinero.
I want to marry a man (*as yet unknown*) who has a lot of money.

Mi padre me comprará lo que quiero.
My father will buy me what I want.
(*both he and I know what that is*)

Mi padre me comprará lo que quiera.
My father will buy me what(ever) I want.
(*we do not know what that is yet*)

After a negative antecedent

In the above examples the subjunctive was required when the antecedent was indefinite, or unknown. The subjunctive is also required if the antecedent is negative – i.e. it does not exist at all. For example:

No hay nadie que sepa hacer una paella como mi madre.
Nobody knows how to make a paella like my mother.

In this sentence the relative pronoun **que** refers back to the negative **nadie**, and as this is a non-existent person, a subjunctive is required.

Look at these other examples and make sure you understand in each case why the subjunctive is required:

No hay autobuses que vayan directamente a Salamanca.
There are no buses which go directly to Salamanca.

No vio nada que le interesara.
He saw nothing which interested him.

No se encontró con nadie que conociera.
He didn't meet anybody he knew.

A useful way to recognise these negative or indefinite antecedents is by seeing if you could substitute 'of the type that' for the relative pronoun. This will indicate that the antecedent is not definite or known to exist. For example:

There is nobody who (*of the type that*) knows the answer.
No hay nadie que sepa la respuesta.

I am looking for a cook who (*of the type that*) can make a good paella.
Busco un cocinero que sepa hacer una buena paella.

This use of the subjunctive is sometimes referred to as the 'generic subjunctive', 'generic' meaning 'of that type'.

Exercise 12.1

« ¿Qué buscas? » Imagine that you are going to place an advertisement in a Spanish-language newspaper in order to do a casting for a film. What are you looking for? Complete the following sentences in Spanish with the information given in brackets.

1 Busco gente que . . .   (speaks English)

2 Busco personas que . . .   (live near the centre)

3 Busco chicos que . . .   (are between 20 and 25 years old)

4 Busco chicas que . . .   (are professional dancers)

5 Busco hombres que . . .   (have a beard)

6 Busco mujeres que . . .   (are blond)

7 Busco niños que . . .   (have long hair)

8 Busco niñas que . . .   (know judo)

Exercise 12.2

You are planning a business trip to Cuba and you are ringing your parent company to let them know what you need. Which of the sentences in the pairs below is correct and why?

1 (a) Necesitamos 3 habitaciones en un hotel de cinco estrellas que tengan aire acondicionado.

   (b) Necesitamos 3 habitaciones en un hotel de cinco estrellas que tienen aire acondicionado.

2 (a) Queremos la sala de reuniones del año pasado que tiene videoconferencia.

   (b) Queremos la sala de reuniones del año pasado que tenga videoconferencia.

3 (a) Llegaremos el martes que viene, en el vuelo de British Airways de Londres que aterriza en La Habana a las 12.30 de la tarde.

   (b) Llegaremos el martes que viene, en el vuelo de British Airways de Londres que aterrice en La Habana a las 12.30 de la tarde.

4 (a) Planeamos viajar a Cienfuegos el jueves por la mañana en un
        coche que alquilemos al llegar.

   (b) Planeamos viajar a Cienfuegos el jueves por la mañana en un
        coche que alquilamos al llegar.

Exercise 12.3

Give the correct form of the verb in brackets (you must decide whether it
is indicative or subjunctive):

1 No conozco a nadie que _____ (hablar) árabe.

2 No había nadie que _____ (saber) bailar flamenco.

3 No conocemos ningún hotel que _____ (tener) piscina en
   el centro.

4 No hay nada que _____ (poder) hacer.

5 ¿Encontraste el restaurante que te _____ (recomendar)?

Exercise 12.4

Complete the following text with the verbs given in the box below (only
one form is correct in each space).

El viaje que _____ (1) Begoña y yo a Latinoamérica este
verano fue inolvidable. No hubo nada que no _____ (2).
En Panamá visitamos a una familia maravillosa, los Vásquez, que
nos _____ (3) la ciudad. En Bolivia fuimos a Santa Cruz,
una ciudad que nos _____ (4) por su gente. En Colombia
estuvimos en Bogotá, en un hotel que nos _____ (5)
un amigo y en Ecuador no visitamos ningún lugar que no nos
_____ (6).

recomendó	**gustara**	**hicimos**
encantó	**disfrutáramos**	**enseñaron**

Exercise 12.5

Which one is the correct form of the verb? Cross out the wrong one.

1 El realismo mágico no es una literatura que es/sea de fácil lectura.

2 García Márquez no es un escritor que habla/hable mucho con la prensa.

3 Macondo es un lugar que no existe/exista en la realidad, sólo en la literatura de García Márquez.

4 Macondo es un lugar imaginario que representa/represente a toda América Latina.

5 García Márquez escribió una novela titulada *El coronel no tiene quien le escribe/escriba*.

6 No hay nadie que cuenta/cuente historias como García Márquez.

7 Los Buendía son la familia que protagonizan/protagonicen *Cien años de Soledad*.

8 *Crónica de una muerte anunciada* es un relato que está/esté basado en un hecho real.

9 No hay otro escritor en el mundo que representa/represente el realismo mágico mejor que García Márquez.

Cultural brief

El realismo mágico

El realismo mágico es un movimiento típico de la literatura latinoamericana de la segunda mitad del siglo XX que se caracteriza por mezclar elementos de la realidad con elementos fantásticos dentro de una misma historia.

El realismo mágico pretende cuestionar la noción de « realidad » y « verdad » a través de historias y situaciones en las que se presenta lo fantástico como real y lo real como fantástico, combinando las supersticiones y las creencias populares con lo cotidiano y con la realidad. El realismo mágico surge en Latinoamérica en la década de los 40 y llega a su momento más importante en los 60 y 70, en un contexto en el que muchos de los países latinoamericanos estaban gobernados por dictaduras y los escritores buscaban una forma de expresión que se apartase del autoritarismo, en la que la manipulación del lenguaje y la manipulación de la realidad les permitía expresarse fuera de los límites de la opresión y la censura.

Escritores como Alejo Carpentier (Cuba), Jorge Luis Borges (Argentina), Juan Rulfo (México), Carlos Fuentes (Panamá), Gabriel García Márquez (Colombia), Mario Vargas Llosa (Perú), Miguel Ángel Asturias (Guatemala) o Julio Cortázar (Argentina) pusieron el realismo mágico en el panorama literario mundial.

El realismo mágico no se puede considerar una literatura popular ya que no es una literatura de « fácil lectura ». Está escrita para un lector cultivado capaz de viajar a través de esa mezcla de planos de la realidad y lo fantástico. Es una literatura en la que el escritor se ubica siempre fuera de la realidad representada; es decir, se considera ajeno a esa realidad sobre la que escribe y narra experiencias de personajes que se encuentran o bien en los niveles más duros de la sociedad o bien en los más primitivos. En este contexto de lo primitivo, la experiencia de los sentidos (gusto, olfato, oído, etc.) adquiere especial relevancia.

Otro de los componentes importantes del realismo mágico es la noción de « tiempo », que se basa en conceptos de ciclos en lugar de conceptos lineales. De esta manera el tiempo puede ser constantemente distorsionado y manipulado por el escritor y se puede viajar del presente al pasado o devolver el pasado al presente, acentuando así los elementos fantásticos de la narrativa.

Key vocabulary for the unit

adquirir	to acquire
ajeno	not involved
apartarse de	to move away from
autoritarismo (m)	authoritarianism
censura (f)	censorship
ciclo (m)	cycle
combinar	to combine
cotidiano	everyday
cultivado	educated
devolver	to bring, to take back
disfrutar	to enjoy
distorsionado	distorted
escritor (m)	writer
fantástico	imaginary
gente (f)	people
gusto (m)	taste

historia (f)	story (also history)
inolvidable	unforgettable
judo (m)	judo
lector (m)	reader
literario	literary
literatura (f)	literature
mágico	magical
mezclar	to mix
narrar	to relate, to tell
oído (m)	hearing
olfato (m)	smell
planear	to plan
primitivo	primitive
recomendar	to recommend
relevancia (f)	relevance
sentido (m)	sense
surgir	to rise
tiempo (m)	time
ubicarse	to be situated

UNIT THIRTEEN
Subjunctive to express doubt or denial

Verbs of saying and thinking used negatively

The subjunctive is usually used in subordinate clauses after verbs of saying or thinking used negatively. This is again in line with what we have said about the subjunctive expressing something indefinite or contrary to fact:

No creo que sea su padre.
I don't believe he is his father.

No dijo que fuese su hijo.
He didn't say he was his son.

If the above sentences were affirmative rather than negative, the implication would be that in the speaker's mind the second verb is factual:

Creo que es su padre.
I believe he is his father.
(*In my mind the second verb expresses a reality*)

Dijo que era su hijo.
He said he was his son.
(*In his mind the second verb expressed a reality*)

Other examples of verbs which will be followed by a subjunctive when used negatively are:

(no) parecer que

No me parece que sea tan buena idea.
It doesn't seem like such a good idea to me.

No nos parecía que fuese tan importante.
It didn't seem so important to us.

(no) ver que

No veo que sea necesario.
I don't see that it is necessary.

No veían que tuviera tanto valor.
They didn't see (believe) that it was so valuable.

The following verbs will be followed by a subjunctive when used affirmatively, as they are roughly equivalent in meaning to **no creer que** and **no decir que**:

dudar que

Dudo que lleguemos a tiempo.
I doubt if we'll arrive in time.

Dudábamos que se presentara.
We doubted if he'd turn up.

negar que

Niega que su madre esté en casa.
He denies that his mother is at home.

Negaban que tuvieran el dinero.
They denied they had the money.

Logically the verbs **dudar** and **negar** will not be followed by a subjunctive when they are used negatively as they are closely equivalent to **creer** and **decir**:

no dudar = creer
no negar = decir

No dudo que Juan es inteligente.
I don't doubt that Juan is intelligent.

No niego que Felipe es guapo.
I don't deny that Felipe is handsome.

In common usage, however, you will often find **no dudar** and **no negar** followed by a subjunctive, as the notions of believing and doubt are so commonly associated with the subjunctive.

Verbs of doubt used interrogatively

It is quite common to find the subjunctive being used after verbs of doubt used interrogatively:

> **¿Crees que lleguemos a tiempo?**
> Do you think we'll arrive on time?

> **¿Creías que tuviese razón?**
> Did you think he was right?

But you will also see the indicative used in these circumstances:

> **¿Crees que llegamos a tiempo?**
> **¿Creías que tenía razón?**

The difference seems to be the degree of doubt in the speaker's mind. In the first examples with the subjunctive, there is considerable doubt in the speaker's mind – the expected answer is probably 'no'. In the second examples with the indicative, the answer is more likely to be 'yes'.

There are no hard and fast rules which can be applied here, but careful observation of how native speakers express such questions will be helpful.

Exercise 13.1

You are going to contradict something that somebody said or thought. Change the following sentences as in the example.

> Example: Mayte cree que Begoña vive en Buenos Aires.
>   **Mayte no cree que Begoña viva en Buenos Aires.**

1 Arancha está convencida de que Laura tiene grandes problemas.

2 Parece que va a llover.

3 Elena dijo que su padre es médico.

4 Veo que tienes razón en eso.

5 Juan y Marisol creen que estás exagerando.

6 Mi madre piensa que comes demasiado.

7 Ángela está segura de que Julia va a volver.

Exercise 13.2

Change the following sentences as in the example.

> Example: Pedro creía que la reunión era a las dos.
> **Pedro no creía que la reunión fuera/fuese a las dos.**

1 Loreto creía que podía acabar el informe hoy.

2 Marta estaba convencida de que Juan llegaba antes de las tres.

3 Mario estaba seguro de que debía hacerlo.

4 Parecía que iba a llover.

5 Rocío dijo que estaba enferma.

Exercise 13.3

Complete this complaint with the verbs in brackets (some verbs may not require the subjunctive):

Muy Sr/a mío/a:
   Le escribo para protestar sobre los planes para un campo de golf en Haza (Burgos). No dudo que Uds _____ (haber) (1) realizado un estudio sobre su viabilidad pero no creo que el campo de golf _____ (ser) (2) la solución adecuada para fomentar el turismo en este bonito pueblo, principalmente porque dudo que en el pueblo _____ (existir) (3) las reservas de agua suficientes para regarlo y mantenerlo. No niego que Haza _____ (necesitar) (4) el turismo pero me parece que _____ (haber) (5) formas mejores de atraerlo sin tener que desperdiciar el agua que el pueblo tanto _____ (necesitar) (6).

Exercise 13.4

How would you express the following in Spanish?

1 I doubt she will arrive on time.

2 You (**tú**) did not say Rafael was a doctor.

3 We do not deny you (**Uds**) can do it.

4 He denies that he bought it there.

5 They don't believe he did it.

6 It didn't seem it was going to snow.

7 I don't think you will finish by 6.00.

Exercise 13.5

Do the following sentences need the subjunctive? Complete the sentences with the appropriate form of the verb in brackets.

1 Creo que el Frente Sandinista _____ (ser) una organización armada nicaragüense.

2 Los sandinistas dudaban que Somoza _____ (dejar) el poder voluntariamente.

3 No hay duda de que Somoza _____ (hacerse) rico acumulando tierras y riquezas que pertenecían a los nicaragüenses.

4 No se puede negar que EEUU _____ (aliarse) con Somoza.

5 Los nicaragüenses no vieron bien que EEUU _____ (invadir) su país.

6 Creo que los sandinistas _____ (llegar) al poder en Nicaragua en 1979.

7 En 1979 no parecía que el triunfo sandinista _____ (ir) a acabar con la violencia en el país.

8 El tribunal de la Haya no dijo que los EEUU _____ (ser) inocentes por sus acciones en Nicaragua.

Cultural brief

Nicaragua y el Frente Sandinista

El Frente Sandinista de Liberación Nacional (FSLN) es una organización armada que se fundó en Nicaragua a principios de los años 60 para restablecer el proceso democrático en Nicaragua y acabar con las sucesivas dictaduras que la familia Somoza había mantenido en este país desde 1937, cuando Anastasio Somoza subió al poder. Las dictaduras de la familia Somoza, con EEUU como aliado, no sólo fueron duramente represivas sino que empobrecieron el país enormemente ya que los Somoza utilizaron el poder para acumular tierras y fortuna en detrimento de la economía de Nicaragua.

El Frente se llama « sandinista » porque sigue el espíritu de Augusto César Sandino, un hombre del pueblo que organizó una lucha armada en contra de la ocupación de EEUU en Nicaragua en los años 20 y principios de los 30 y que fue asesinado por los seguidores de Anastasio Somoza en febrero de 1934.

El FSLN, aunque en sus comienzos tuvo muchas dificultades, logró atraer a estudiantes universitarios y obreros nicaragüenses y después de muchos años de lucha de guerrillas e insurrecciones consiguió llegar al poder en 1979. Una vez en el poder, los sandinistas empezaron una serie de reformas para reconstruir el país y sacarlo de la pobreza, que incluían campañas de alfabetización, reforma agraria, mejora de la sanidad, nacionalizaciones, etc.

Su triunfo, sin embargo, no significó el cese de la violencia y el comienzo de un periodo de paz y prosperidad en Nicaragua ya que muchos partidarios de Somoza emigraron a Miami y formaron allí un grupo de presión respaldado por políticos estadounidenses. El gobierno estadounidense, además, apoyó y financió a muchos miembros de la Guardia Nacional que se habían refugiado tras el triunfo sandinista en Costa Rica y Honduras y que formaron lo que se conoce como « la contra », un grupo guerrillero opositor a la revolución sandinista.

Comenzaron de nuevo los ataques de guerrillas en el país, con parte de la población nicaragüense apoyando a « los contras » y una campaña internacional de apoyo al gobierno sandinista y en contra de la intervención estadounidense en la región, que culminó con la condena de EEUU por el Tribunal Internacional de la Haya el 27 de junio de 1986. El Tribunal no sólo condenó al gobierno de los EEUU por sus acciones sino que obligó también a la administración del presidente Reagan a dar una indemnización al gobierno y al pueblo de Nicaragua por los daños causados con su intervención.

Key vocabulary for the unit

aliado (m)	ally
agrario	agricultural
alfabetización (f)	literacy
apoyar	to back, to support
atraer	to attract

campaña (f)	campaign
campo de golf (m)	golf course
cese (m)	end
daño (m)	damage
dictaminar	to pass judgment
en detrimento de	at the expense of
financiar	to fund
fomentar	to promote
frente (m)	front
indemnización (f)	compensation
insurrección (f)	uprising
mejora (f)	improvement
opositor (m)	opponent
prosperidad (f)	prosperity
regar	to water
respaldar	to back, to support
sanidad (f)	public health
seguidor (m)	follower
viabilidad (f)	feasibility

UNIT FOURTEEN
The perfect and pluperfect subjunctive

Formation and use of the perfect subjunctive

We have already seen that the present tense of **haber** is used together with the past participle of the verb to form the perfect tense:

He visto la película.
I have seen the film.

Hemos vendido la casa.
We have sold the house.

No han terminado el trabajo.
They haven't finished the work.

Similarly the present subjunctive of **haber** is used with the past participle to form the perfect subjunctive. The present subjunctive of **haber** is as follows:

	Present subjunctive
(yo)	**haya**
(tú)	**hayas**
(él/ella/usted)	**haya**
(nosotros)	**hayamos**
(vosotros)	**hayáis**
(ellos/ustedes)	**hayan**

The use of the perfect subjunctive is entirely straightforward: it is used to mean 'has (done)' or 'have (done)' in constructions which require the use of the subjunctive, as explained in the preceding units. Here are some examples:

No creo que hayan terminado.
I don't think they have finished.

Es increíble que no se lo hayas dicho.
It is incredible that you haven't told them.

Esperamos que hayan podido sacar las entradas.
We hope they have been able to get the tickets.

Me alegro de que lo hayas comprendido.
I'm glad you've understood.

Make sure you understand why each of the above sentences required the use of the subjunctive; if not, you should revise the preceding units.

Formation and use of the pluperfect subjunctive

We have already seen that the imperfect tense of **haber** is used together with the past participle of the verb to form the pluperfect tense:

Había perdido el tren.
He had missed the train.

Ya habíamos sacado las entradas.
We had already bought the tickets.

Similarly the imperfect subjunctive of **haber** is used with the past participle to form the pluperfect subjunctive. The imperfect subjunctive of **haber** is as follows:

	Imperfect subjunctive
(yo)	**hubiera/hubiese**
(tú)	**hubieras/hubieses**
(él/ella/usted)	**hubiera/hubiese**
(nosotros)	**hubiéramos/hubiésemos**
(vosotros)	**hubierais/hubieseis**
(ellos/ustedes)	**hubieran/hubiesen**

Remember that the two forms of the imperfect subjunctive are interchangeable, there is no difference in their usage – at least none that you need worry about at this stage.

The pluperfect subjunctive is used to mean 'had (done)' in constructions which require the use of the subjunctive. Here are some examples:

Era probable que se lo hubiera dicho.
It was likely that he had told him.

Dudábamos que lo hubiese comprendido.
We doubted that he had understood.

Esperábamos que no hubieras descubierto la verdad.
We hoped you hadn't found out the truth.

Se alegraban de que lo hubiésemos conseguido.
They were pleased we had managed to do it.

The reasons for the use of the subjunctive in these sentences should be clear from the preceding units.

Exercise 14.1

Give the correct form of the perfect and pluperfect subjunctive for the following verbs:

	Perfect	*Pluperfect*
cantar (yo)	_____	_____
escribir (vosotros)	_____	_____
poner (tú)	_____	_____
abrir (nosotros)	_____	_____
leer (ella)	_____	_____

Exercise 14.2

Complete the following sentences as in the example.

Example: Marisa lo ha encontrado
No es posible . . .
No es posible que Marisa lo haya encontrado.

1 Luis ha conseguido el trabajo en Colón.
No creo que . . .

2 Danixa había organizado la fiesta.
   No me dijiste que . . .

3 Lucho ha marcado dos goles.
   Me alegro de que . . .

4 Laura se había enamorado de nuevo.
   Nos encantaba que . . .

5 Priscilla ha organizado otra reunión.
   Esperamos que . . .

Exercise 14.3

Complete the following letter with the right tense (perfect or pluperfect subjunctive) of the verb in brackets:

Queridos Marta y Juanjo:
    Me alegro mucho de que os _____ (decidir) (1) a venir
a vernos el mes que viene y que _____ (encontrar) (2) a
alguien que se pueda quedar con vuestro perro esa semana.
Dudábamos que _____ (poder, vosotros) (3) venir una vez
que empezaran las obras para la cocina nueva pero no creemos
que la obra _____ (empezar) (4) para las fechas que decís.
Es posible que cuando vengáis _____ (vaciar, nosotros) (5)
ya la cocina ¡pero nos las arreglaremos como podamos para las
comidas!
    Un fuerte abrazo,
       Lola y Jesús

Exercise 14.4

Now, complete the response using the tenses given in the box below:

Queridos Lola y Jesús:
    Nosotros también nos alegramos de que _____ (1)
arreglarlo todo para poder ir a veros ya que también dudábamos
que _____ (2) ir si no _____ (3) a alguien que cuidase
a Matilda esa semana. ¡Es una suerte que _____ (4) billetes
de avión tan baratos para esas fechas y que vosotros _____
(5) coger unos días de vacaciones para entonces también.
    Un fuerte abrazo nuestro también.
    Juanjo y Marta

hayamos encontrado	**hubiéramos podido**	**hayáis podido**
hubiésemos encontrado	**hayamos conseguido**	

Exercise 14.5

Complete the following text with the verbs in brackets. Please note that you will need the perfect and pluperfect subjunctive as well as the present subjunctive.

Muchos paraguayos piensan que sin la nueva constitución de 1992, la lengua guaraní nunca _____ (llegar) (1) a ser una de las lenguas oficiales del país y se alegran de que esta lengua _____ (adquirir) (2) importancia incluso en la reforma de la educación del país. Es probable que, sin la constitución de 1992, la lengua guaraní _____ (perder) (3) importancia en Paraguay y con el tiempo _____ (olvidarse) (4) en muchos sectores de la población ya que el castellano se habría impuesto en todos los organismos oficiales.

Es importante que en los países donde _____ (hablarse) (5) más de una lengua _____ (haber) (6) políticas que _____ (defender) (7) la herencia lingüística de sus ciudadanos y que todas las lenguas _____ (coexistir) (8) al mismo nivel como lenguas oficiales.

Cultural brief

La lengua guaraní

Paraguay tiene una situación peculiar dentro del contexto lingüístico de Latinoamérica ya que se puede decir que es el único país donde ha pervivido de forma generalizada la lengua autóctona: el guaraní. Aunque el guaraní se habla también en partes de Argentina, Brasil y Bolivia, es en Paraguay donde existe un mayor número de hablantes.

En la nueva constitución paraguaya de 1992 se estableció el guaraní como lengua oficial de Paraguay (la segunda tras el castellano) y se sentaron las bases para una reforma de la educación para que la totalidad de la población de entre 15 y 50 años sea completamente bilingüe en castellano y guaraní para el año 2020.

En términos generales se puede decir que en Paraguay sólo una minoría de la población es monolingüe en castellano (menos del 10%). Un poco menos del 50% de la población es bilingüe en castellano y guaraní y más de un 40% es monolingüe en guaraní. De hecho, la mayoría de los niños paraguayos crecen teniendo el guaraní como la lengua preferida en la comunicación dentro de sus hogares.

El castellano, sin embargo, es la lengua que se considera de mayor prestigio y la lengua de comunicación en la mayoría de los medios de comunicación del país. A pesar de que hay, por ejemplo, emisoras de radio que utilizan el guaraní, la mayoría de las emisoras de radio, los periódicos y los canales de televisión utilizan el castellano. El castellano es también la lengua de la política y los documentos y escritos oficiales.

Se puede aseverar que el guaraní se suele emplear en relaciones familiares, en contextos íntimos mientras que el castellano se utiliza en contextos más formales, con personas desconocidas, aunque esta situación está cambiando entre los más jóvenes que, según las últimas encuestas, prefieren comunicarse en castellano.

El futuro del uso del guaraní es, por tanto, algo que es motivo de muchos estudios lingüísticos en Paraguay. Hay lingüistas que piensan que su uso se irá reduciendo con el tiempo a favor del castellano mientras que otros piensan que su uso pervivirá sobre todo en contextos íntimos y familiares.

Key vocabulary for the unit

a favor de	in favour of
aseverar	to state
autóctono	indigenous
bilingüe	bilingual
canal (m)	channel (TV)
emisora de radio (f)	radio station
encuesta (f)	survey
hablante (m, f)	speaker
hogar (m)	home
lingüista (m)	linguist
lingüístico	linguistic
medios de comunicación (m)	media
minoría (f)	minority
monolingüe	monolingual
persona desconocida (f)	stranger
pervivir	to survive
sentar las bases	to lay the foundations
vaciar	to empty

UNIT FIFTEEN
The conditional and the conditional perfect

Formation of the conditional

The conditional translates the English 'would (do)'. The starting point for the formation of the conditional is the future stem – i.e. the part of the verb before the personal endings are added. If you are familiar with the formation of the future, including the irregular verbs, you will find that there are no irregular forms of the conditional at all.

The endings for the conditional are identical to the endings for the imperfect tense of **-er** and **-ir** verbs:

	Imperfect endings for -er and -ir verbs	*Conditional*
(yo)	**-ía**	**compraría**
(tú)	**-ías**	**comprarías**
(él/ella/usted)	**-ía**	**compraría**
(nosotros)	**-íamos**	**compraríamos**
(vosotros)	**-íais**	**compraríais**
(ellos/ustedes)	**-ían**	**comprarían**

Here is a reminder of the most common irregular futures and their conditional equivalent:

	Future	*Conditional*
decir	**diré**	**diría**
hacer	**haré**	**haría**
poder	**podré**	**podría**
poner	**pondré**	**pondría**
querer	**querré**	***querría**
saber	**sabré**	**sabría**

tener	tendré	tendría
venir	vendré	vendría

* **querría** is usually replaced by the imperfect subjunctive form **quisiera** to avoid any possible confusion with the imperfect tense.

Use of the conditional

As stated at the beginning of the unit, the conditional is used to translate the English 'would (do)'. Here are some examples of the conditional in use:

Estaríamos contentos de venir.
We would be happy to come.

Me gustaría comprarlo.
I would like to buy it.

¿Podrías cerrar la ventana por favor?
Would you close the window please.

Yo de ti estudiaría más.
If I were you I would study more.

Yo no sabría hacerlo.
I wouldn't know how to do it.

One of the most common uses of the conditional is in reported speech, where the use of tenses is the same as in English:

"I will finish it today." « **Lo terminaré hoy.** »
He said he *would* finish it today. **Dijo que lo terminaría hoy.**

"I will buy it." « **Lo compraré.** »
He said he *would* buy it. **Dijo que lo compraría.**

"We will not tell him." « **No se lo diremos.** »
They promised they would **Prometieron que no se lo dirían.**
    not tell him.

Future and conditional to express supposition

Just as the future tense can be used to express uncertainty or supposition in the present tense, the conditional can also be used to express uncertainty or supposition in the past, as it can in English:

Future: **Serán sobre las siete.**
(I suppose) it will be about seven o'clock.

Conditional: **Serían sobre las siete.**
(When we arrived) it would have been about seven o'clock.

Future: **Tendrá unos sesenta años.**
(I suppose) she is about 60 years old.

Conditional: **Tendría unos sesenta años.**
(When they got married) she would have been about sixty years old.

Formation of the conditional perfect

The formation of the conditional perfect is very straightforward as it is simply a case of using the conditional of the verb **haber** with the past participle:

Yo se lo habría dicho.
I *would have* told him.

Me habría gustado ir contigo.
I *would have* liked to go with you.

The conditional perfect is most frequently used in conditional sentences beginning with 'if', for example:

If I had known, I *would have* told you.

If they hadn't found him in time, he *would have* drowned.

Conditional sentences will be dealt with in the next unit.

Exercise 15.1

Give the correct form of the conditional and conditional perfect for the verbs indicated below:

	Conditional	Conditional perfect
1 cantar (yo)	_____	_____
2 querer (nosotros)	_____	_____
3 poner (él)	_____	_____
4 beber (Uds)	_____	_____
5 vivir (vosotros)	_____	_____
6 poder (tú)	_____	_____
7 conducir (ellos)	_____	_____

Exercise 15.2

Change the following sentences into reported speech, as in the example:

> Example: **Mario dijo: « Rocío no irá a la fiesta. »**
> **Mario dijo que Rocío no iría a la fiesta.**

1 Guadalupe dijo: « Begoña jugará al tenis. »

2 Julia dijo: « Rafael vendrá a la playa. »

3 Carmen dijo: « Mayte no pasará dos meses en Inglaterra. »

4 Juan dijo: « Arancha e Iciar estarán en Nueva York el lunes. »

5 Luis dijo: « Marta y José habrán llegado ya a Bogotá. »

6 Pedro dijo: « Susana y Lucía habrán comido para entonces. »

Exercise 15.3

Change the following sentences as in the example to express supposition with **cuando**:

> Example: **Jesús tendrá unos 40 años. (casarse, Marta)**
> **Jesús tendría unos 40 años cuando Marta se casó.**

1 Nosotros estaremos todavía en la reunión (venir, Marisol).

2 Serán la siete de la tarde (salir de la oficina, Elena).

3 Habrán comprado ya la casa (jubilarse, ellos).

4 Jaime habrá bebido demasiado (tener el accidente, él).

5 Ana trabajará de modelo (llegar a Madrid, ella).

Exercise 15.4

How would you express the following in Spanish?

1 Could you (**Ud**) ring Pedro, please?

2 Would you (**Uds**) have it in red?

3 Would you (**tú**) have said it to him?

4 Would you (**Ud**) have bought it?

5 Would you (**vosotros**) come with us?

6 Could you (**tú**) help me, please?

7 Would you (**vosotros**) have gone to that meeting?

Exercise 15.5

Complete the following report from a newspaper with the verbs in the box below:

Los garífunas _____(1) dispuestos a mantener conversaciones con el presidente del gobierno hondureño en los próximos días. En la reunión de la próxima semana, sus representantes _____ (2) poner las bases para un diálogo abierto que _____ (3) posteriores conversaciones y negociaciones con el gobierno. Según nuestras fuentes, los garífunas _____(4) al presidente respeto por su cultura y su forma de vida y le _____ (5) un informe de la Comisión de Derechos Humanos donde se exponen sus necesidades.

presentarían	**querrían**	**pedirían**
estarían	**permitiera**	

Cultural brief

Los garífunas o garinagus

Los garífunas son también conocidos como caribes negros y su nombre significa « gente que come yuca ». Originariamente provienen de África, de donde salieron como esclavos en un barco español que naufragó en las costas de San Vicente (en el archipiélago de las Antillas) en el siglo XVII. En esa isla, se unen con los kalinagu (el pueblo original de esta isla) y con esa unión surgen los garinagus o garífunas.

Aunque hay comunidades de garífunas por todo el Caribe (sobre todo en Guatemala y Belice), las mayores comunidades del pueblo garífuna se encuentran por toda la costa norte de Honduras, ya que fue allí donde se asentaron cuando fueron expulsados por los británicos de la isla de San Vicente en 1797. En Honduras existen casi medio millón de garífunas en unas 53 poblaciones.

La cultura garífuna se define a sí misma como matriarcal en cuestiones educativas, es decir, que son las mujeres las que se dedican a la educación de los hijos y las que rigen el núcleo de la familia mientras que los hombres se dedican a la agricultura, la pesca y otras tareas domésticas. Los hombres son también los que están encargados de hacer las leyes y hacer que éstas se cumplan. Los garífunas mantienen sus propias costumbres y su lengua en sus comunidades, en muchos casos al margen de la tecnología y el progreso, y su cultura es una mezcla de tradiciones arawak (caribes), africanas y europeas. Su lengua, agricultura y religión son muy similares a las de sus antepasados caribes, mientras que sus bailes, su música (principalmente de tambores) y su arte tienen una fuerte influencia africana.

Los garífunas hondureños siguen todavía hoy luchando porque se reconozca y se respete su cultura y creen que es importante que el gobierno de Honduras les ayude a solucionar los problemas que existen en sus comunidades, sobre todo en lo referente a la falta de infraestructura sanitaria y el desempleo. Los garífunas luchan porque haya un desarrollo sostenido de la costa hondureña que les permita, a su vez, el desarrollo socio-económico de sus comunidades a través del uso sostenido de la tierra y los recursos marino-costeros.

Los garífunas se sienten, en general, abandonados por el gobierno hondureño y creen que una parte importante de sus problemas proviene de la discriminación racial que sufren en la sociedad.

Key vocabulary for the unit

al margen de	away from
antepasado (m)	ancestor
asentarse	to settle
caribe (m)	Caribbean
en lo referente a	as regards, regarding
expulsar	to expel
fuente (m)	source
jubilarse	to retire
naufragar	to be shipwrecked
originariamente	originally
pesca (f)	fishing
provenir	to come from
regir	to govern
tarea (f) **doméstica**	housework
tambor (m)	drum

UNIT SIXTEEN
Conditional sentences

Conditional sentences are generally made up of two clauses, one of which is introduced by **si** or an equivalent expression. This clause is the 'condition' which gives the name to this kind of sentence. Whether the action described by the verb in the main clause takes place or not is dependent on another event happening. For example:

If it rains we will stay at home.

We will pay you if you do the work.

If we had the money we would go to Tenerife.

Some conditional sentences will require the use of the subjunctive, and this will depend on whether the condition can be fulfilled.

Open conditions

As the name suggests, these are conditions which are open to being fulfilled, and there is nothing in the sentence to suggest that the event will or will not take place.

In the first example given above, it may or may not rain, either is possible, therefore this is an open condition – capable of fulfilment. Similarly in the second example there is no indication of whether the work will be done or not, therefore this is an open condition.

Open conditions are translated with the present indicative and the future tense, or sometimes the present. In other words the tense usage is more or less the same as in English:

If it rains we will stay at home.
Si llueve nos quedaremos (quedamos) en casa.

We will pay you if you do the work.
Te pagaremos (pagamos) si haces el trabajo.

Improbable or impossible conditions

As the name suggests, these are conditions in which the outcome is in more doubt. The implication of the sentence will be that the condition is unlikely to be fulfilled or may be almost impossible. Consider the implication of these sentences in English:

If we had the money we would go to Tenerife.

If I were braver I would tell him the truth.

There would be no problem if I understood Russian.

In the first sentence the implication is that we do not have the money, at least not at the moment.

In the second sentence the implication is that I am not braver and hence will not be telling him the truth.

The clear implication of the third sentence is that I do not understand Russian.

As the action of the verb in the 'if' clause is very unlikely, if not impossible, it is logical that this verb will be in the subjunctive, and in this case the imperfect subjunctive. The verb in the main clause will be in the conditional tense.

If we had the money we would go to Tenerife.
Si tuviéramos el dinero, iríamos a Tenerife.

If I were braver I would tell him the truth.
Si yo fuera más valiente, le diría la verdad.

There would be no problem if I understood Russian.
No habría problema si yo entendiese ruso.

Conditions which cannot be fulfilled

These are conditions which definitely have not been fulfilled and so the verb in the 'if' clause cannot be a fact, hence the need for a subjunctive. Consider these sentences:

If I had known, I wouldn't have waited.
(*I obviously did not know*)

If you had told me I would have gone straight to the police.
(*But you didn't tell me*)

If I had asked him he would have bought it.
(*But I didn't ask him*)

In these sentences the verb in the main clause is in the conditional perfect tense (see Unit 15) and the verb in the 'if' clause must be in the pluperfect subjunctive (see Unit 14):

Si lo hubiera sabido, no habría esperado.

Si me lo hubieras dicho, habría ido directamente a la policía.

Si yo se lo hubiera pedido lo habría comprado.

The order of the main clause and the 'if' clause in the sentences makes no difference to the sequence of tenses – the subjunctive will always be required in the 'if' clause:

No habría esperado si lo hubiera sabido.

Habría ido directamente a la policía si me lo hubieras dicho.

Lo habría comprado si yo se lo hubiera pedido.

These sentences can sound clumsy – even to the native speaker's ear – and so it is quite common to replace the **habría** etc. with the appropriate form of *hubiera:

No hubiera esperado si lo hubiera sabido.

Hubiera ido directamente a la policía si me lo hubieras dicho.

Lo hubiera comprado si yo se lo hubiera pedido.

*NB: The -se form of the subjunctive cannot be used in these circumstances, it must be the -ra form.

como si

Como si ('as if'), by its very nature, always introduces a condition which is unreal and therefore it will always be followed by a past subjunctive:

He behaved as if he *were her husband.
Se comportaba como si fuera su marido.

It was as if he had seen a ghost.
Era como si hubiera visto un fantasma.

*NB: This is a remnant of the subjunctive in English, but is frequently being replaced in modern usage by the indicative 'was'.

Exercise 16.1

Finish the sentences with the information given in brackets:

1 Si sales, . . . (buy the newspaper)
2 Si vamos, . . .(María comes with us)
3 Si trabajamos más, . . . (we earn more money)
4 Si Vicente hace una fiesta, . . . (we will go)
5 Si te pones enfermo, . . . (you will not be able to fly)

Exercise 16.2

Change the following open conditions to improbable conditions.

1 Compraremos la casa si tenemos dinero.
2 Si Juan llama a tiempo, puede venir en nuestro coche.
3 No tendrás problemas si lo haces de esta manera.
4 Si vas a estar en la oficina, te mando un fax.
5 ¿Vendrás si te lo pido?
6 ¿Le ayudas si tiene problemas?
7 Si Argentina gana el mundial, ganaremos la apuesta.

Exercise 16.3

Choose the correct form of the verb in brackets.

1 Si me lo _____, te lo arreglo. (traes, traerás, traerías)
2 Lo haría si _____. (podría, pudiera, puedo)
3 _____ en tu casa a las siete si acabo antes de las seis.
   (estaré, estuviera, estuve)

4   Si ganara la lotería, me _____ un coche.
    (compraría, compraré, comprase)

5   _____ español si quieres vivir en Cuba.
    (estudiaría, estudiase, estudia)

Exercise 16.4

Change the following sentences as in the example (the answer key will give you all the possibilities, you do not need to write them all):

> Example: **No vino porque no pudo.**
> **Habría/hubiera venido si hubiera/hubiese podido.**

1   No mandé el fax porque no estaba en la oficina.

2   No la llamó porque no hablaba chino.

3   No estudiaron porque no quisieron.

4   ¿No cantaste porque no tenías voz?

5   No fuimos a vuestra casa porque no nos invitasteis.

6   No hablaron con Juan porque no le conocían.

Exercise 16.5

Complete the following text with the correct form of the verb in brackets.

Tengo un amigo que se comporta como si _____ (ser) (1)
millonario, como si no _____ (tener) (2) que trabajar para
vivir. Si alguien le _____ (llamar) (3) a su casa, siempre está
descansando o ha salido con sus amigos pero si no trabaja, ¿de
dónde _____ (conseguir) (4) el dinero para vivir? Su
hermano me ha dicho que tiene negocios en internet y debe ser
cierto porque si no trabajara en nada no _____
(poder) (5) tener el coche deportivo que conduce. La verdad es que
a mí no me importa si _____ (trabajar) (6) o no pero
preferiría que no actuara como si los demás _____ (ser) (7)
tremendamente aburridos por tener un trabajo de oficina.

Exercise 16.6

Complete the following sentences. Use the verbs given in the box below:

1 Si Ud cree que la salsa es música española, _____ equivocado porque la salsa está clasificada como música latina.
2 Si la salsa no _____ en Nueva York, probablemente se habría inventado en Cuba.
3 Si no te gusta mover la cadera, no _____ bailar salsa bien.
4 Si la salsa es vibrante es porque _____ ritmos caribeños.
5 La música latinoamericana no habría sido tan conocida en el mundo si no se _____ de moda bailar salsa.
6 Si no se _____ instrumentos de percusión, la salsa no tendría tanto ritmo.
7 Si tuviera buena voz, _____ salsa.
8 Si pudiera hacer realidad un sueño, _____ en un escenario con Ricky Martin.

poder	nacer	expresar	estar
poner	bailar	utilizar	cantar

Cultural brief

La música latina: la salsa

La salsa es un tipo de música que a veces se asocia erróneamente con España pero que es, en su origen, latinoamericana. Salsa es un nombre genérico con el que se designa muchos ritmos y estilos musicales diferentes (mambo, chachachá, rumba, son, guaracha, etc.), aunque todos tienen en común el hecho de que se los considera ritmos afrocaribeños.

En el contexto musical hay varias teorías sobre el origen de la salsa. Algunos dicen que el término « salsa » procede de una canción que escribió un músico cubano, Piñero, en 1933, llamada « Échale salsita », otros apuntan a que « salsa » no es un ritmo enteramente cubano sino que tiene su raíz en una mezcla de ritmos cubanos, puertorriqueños, venezolanos, colombianos, etc. En lo que sí están todos de acuerdo es que « salsa » fue un término que comercializó una compañía discográfica estadounidense en los años 60 debido al éxito de un género musical surgido en Nueva York en estos años en las comunidades hispanas. Habría que esperar hasta la década siguiente, los años 70, para que la salsa se hiciera popular por todo el mundo y se erigiera en uno de los géneros musicales más bailados en el mundo latinoamericano.

La salsa se caracteriza desde sus comienzos por su alegría y su dinamismo ya que intenta expresar la naturaleza alegre y vibrante del caribe aunque la letra de las canciones a veces expresa temas que no se pueden considerar alegres: el desamor, el amor no correspondido, las dificultades de la vida, etc., que son las experiencias que los inmigrantes latinos vivían en EEUU aunque también expresan historias de amor, leyendas populares, costumbres de esas comunidades, sentimientos nacionales, etc.

Las canciones suelen estar cantadas por un solista acompañado por un coro y cantan de forma alternativa (pocas veces a la vez), siempre acompañados por varios instrumentos de percusión, como corresponde a sus raíces africanas, especialmente la *conga* (una especie de tambor), las *claves* (dos palos), los *güiros* (instrumento hueco de madera que se frota con una vara metálica), los cimbales y las maracas. Son estos instrumentos de percusión los que marcan el ritmo de las canciones.

Key vocabulary for the unit

acompañar	to accompany
a la vez	together
alegría (f)	happiness
apuesta (f)	bet
apuntar	to point at
cadera (f)	hip
cimbal (m)	cymbal
comercializar	to market
coro (m)	choir
desamor (m)	lack of love
el mundial	the World Cup
erigirse (en)	to become
erróneamente	wrongly
escenario (m)	stage
éxito (m)	success
letra (f)	lyrics
naturaleza (f)	nature
percusión (f)	percussion
raíz (f)	root
ritmo (m)	rhythm
solista (m)	soloist

UNIT SEVENTEEN
Indefinite expressions

As we have seen in the preceding chapters, the subjunctive is used to indicate that the action of the verb is uncertain. The expressions 'wherever', 'whatever', 'whenever', 'whoever', etc. clearly indicate that the speaker does not know specifically where, what, who is being referred to, therefore it is logical that the following verb should be in the subjunctive.

The Spanish translation of these expressions already uses a subjunctive as they all end in **-quiera**, the present subjunctive of the verb **querer**.

dondequiera	wherever
comoquiera	however
cuandoquiera	whenever
quienquiera	whoever
cualquiera	whatever/whichever

dondequiera, comoquiera, cuandoquiera

These three expressions are straightforward to use as their form is invariable:

Examples: **Dondequiera que vayas ...**
Wherever you go ...

Comoquiera que me lo expliques. ...
However you explain it to me ...

Cuandoquiera que se lo preguntes ...
Whenever you ask him ...

They can also be used in the past tense:

Examples: **Dondequiera que fuésemos ...**
Wherever we went ...

Comoquiera que se lo explicáramos ...
However we explained it to him ...

Cuandoquiera que le pidiéramos un favor ...
Whenever we asked him a favour ...

quienquiera, cualquiera

These expressions are clearly made up of two parts – **quien/cual** and **-quiera**. As both **quien** and **cual** have plural forms (**quienes** and **cuales**), there are also plural forms of **quienquiera** and **cualquiera**, which are **quienesquiera** and **cualesquiera**. You will notice that it is the first part (**quien** and **cual**) which becomes plural, not the verb form **quiera**.

Examples: **Quienquiera que sea ...**
Whoever it is ... (*singular*)

Quienesquiera que sean ...
Whoever they are ... (*plural*)

Cualquiera que fuese el problema ...
Whatever the problem was ... (*singular*)

Cualesquiera que fuesen los problemas ...
Whatever the problems were ... (*plural*)

Cualquier(a) can also be used with a following noun, but if it is immediately followed by the noun, the final **-a** is dropped:

Examples: **Cualquier libro que compres ...**
Whichever book you buy ...

Cualquier semana que vengas ...
Whichever week you come ...

Cualquiera can be used with the meaning 'anybody':

Example: **Cualquiera puede hacerlo.**
Anybody can do it.

(**Quienquiera** can also be used in this way but is less common.)

However much + verb

'However much ...' clearly implies that the speaker does not know how much, and so this is also classed as an indefinite expression. It is translated by **por mucho que ...** or **por más que ...** and requires the following verb to be in the subjunctive:

Examples: **Por mucho** (or **más**) **que insistas ...**
However much you insist ...

Por mucho (or **más**) **que me lo expliques ...**
However much you explain it to me ...

However much + noun

Por mucho(s)/a(s) ... que can be used to translate 'however much/many' + noun. Clearly the **mucho** will have to agree in number and gender with the following noun, and a subjunctive form of the verb will still be required:

Examples: **Por muchos libros que estudies. ...**
However many books you study. ...

Por mucha suerte que tengas. ...
However much luck you have. ...

However + adjective or adverb

When followed by an adjective or adverb, the expression for 'however' is **por (muy) ... que**, although the **muy** is often omitted.

Examples: **Por (muy) complicadas que sean las explicaciones ...**
However complicated the explanations may be ...

Por (muy) despacio que lo leas ...
However slowly you read it ...

However little

This is translated by **por poco (. . .) que** and is also followed by a subjunctive:

Examples: **Por poco dinero que tengas . . .**
However little money you have. . . .

Por poco que te apetezca . . .
However little it appeals to you . . .

Set phrases

There are a number of set phrases which you will come across in Spanish to express indefinite notions. Here are some of the most common:

sea lo que sea	whatever it might be
diga lo que diga	whatever he says
pase lo que pase	whatever happens
(o) lo que sea	(or) whatever

Exercise 17.1

Complete the following sentences with **dondequiera, comoquiera, cuando-quiera, quienquiera, cualquiera**. You can only use each one once.

1 No me importa que me destinen fuera de Madrid, _____ que tenga que vivir, seré feliz.

2 Me da igual si es verde o azul, compra _____ de los dos.

3 ¡El teléfono no ha dejado de sonar! _____ que llame esta tarde, dile que no estoy.

4 _____ que venga, será demasiado tarde para ir al cine.

5 Sigue sin entenderlo _____ que se lo explique.

Exercise 17.2

Change the following sentences as in the example:

Example: Se lo explique como se lo explique, no lo entiende.
Comoquiera que se lo explique no lo entiende.
or: **No lo entiende comoquiera que se lo explique.**

1 Vaya donde vaya Vicente siempre encontrará amigos.

2 Se lo diga quien se lo diga, nunca hace caso.

3 Se lo pregunte como se lo pregunte su respuesta es siempre la misma.

4 Venga a la hora que venga tenemos que esperarle.

5 Elija el que elija será un buen regalo.

Exercise 17.3

Put the following sentences into the past tense, starting as indicated:

> Example: Comoquiera que se las explique, Ángel no las entiende.
> Cuando estudiaba matemáticas. . . .
>
> **Cuando estudiaba matemáticas Ángel no las entendía se las explicase/explicara como se las explicara/explicase.**

1 Dondequiera que viaje, siempre se queda en los mejores hoteles.
Cuando trabajaba con su padre, . . .

2 Cuandoquiera que acabe ya se le ha hecho tarde.
Como empezó el informe a las doce de la mañana, . . .

3 Comoquiera que lo haga, está mal.
Como no prestó atención a las explicaciones, . . .

4 Quienquiera que lo compre lo tiene que arreglar.
Como estaba roto, . . .

5 Dondequiera que esté Mario siempre llama.
El año pasado . . .

Exercise 17.4

Complete the following sentences with **cualquiera** and **quienquiera**. Think about whether you need the singular or the plural form in each case.

1 _____ que lo haya dicho, es incorrecto.

2 _____ de ellos es bueno para nuestro fin.

3 _____ que fueran los problemas, Rocío siempre encontraba una solución.

4 _____ que sean, los culpables serán castigados.

5 Puedes traer _____ diccionario al examen.

6 No vengas con pantalones a la fiesta. Ponte _____ falda larga que tengas.

7 _____ que sean las excusas, la verdad es que me has decepcionado.

Exercise 17.5

Complete the sentence with the correct tense of the verb in brackets:

1 Por mucho que _____ (insistir, él) no consiguió que Lola fuera a la cena.

2 Por más que me lo _____ (pedir, ella) no le voy a dejar mi coche este fin de semana.

3 Por muchos libros que _____ (comprar, ellos), no aprobarán si no se los estudian.

4 Por más que _____ (comer, nosotros), no engordábamos.

5 Por mucho que se _____ (quejar, Ud), no va a conseguir nada.

6 Por muchas cartas que _____ (escribir, Uds), no lograron que el director les recibiera.

7 Por poco que te _____ (gustar, tú), Marisa vendrá de vacaciones con nosotros.

8 Por poco dinero que _____ (tener, ellos), siempre conseguían comprar lo que necesitaban los niños.

Exercise 17.6

How would you express the following in Spanish?

1 Whatever he says, I am not going to Quito on Monday.

2 Whatever happens, you (**tú**) can always count on me.

3 I don't mind, give (**tú**) me whatever.

4 Anybody can play football.

5 However much they insist, I will not do it.

6   You (**Ud**) can ask anybody.

7   Wherever we go, we'll be happy.

8   Whatever the answer might be, I knew he would understand.

Exercise 17.7

Cross out the incorrect expressions in the following text:

Quienquiera/Dondequiera (1) que vivieran, los aztecas eran una de
las culturas amerindias más desarrolladas y cualquiera/comoquiera
(2) que fuese su clase social, los aztecas educaban a sus hijos.
    Dondequiera/Cualquiera (3) que fuesen cultivaban maíz, tabaco,
fruta y chiles. Los aztecas tenían leyes muy severas en su sociedad.
La embriaguez, por ejemplo, era considerada un delito para
cualquiera/comoquiera (4), independientemente de su clase social,
y las mujeres que cometían adulterio, fueran quien fueran/
estuvieran quien estuvieran (5), eran castigadas con la pena de
muerte.

Cultural brief

La sociedad azteca: la educación

Los aztecas son un pueblo amerindio que se estableció en el centro y el
sur de México en un periodo que va desde el siglo XII hasta la llegada de
los conquistadores en el siglo XVI.
    Los aztecas tenían una sociedad muy desarrollada; se ha llegado a decir
que, en muchos niveles, más desarrollada que las sociedades europeas. Uno
de los aspectos más curiosos de la sociedad azteca es el de la educación.
    La sociedad azteca estaba organizada en dos grandes grupos: los plebeyos
y los nobles. Los nobles tenían los puestos más altos en el ejército, el gobierno
y el sacerdocio. Los nobles escogían también a su gobernante (o jefe
supremo), que mantenía su poder como jefe supremo hasta su muerte aunque
era responsable de su gobierno ante los que le habían elegido.
    Los plebeyos estaban divididos en varios grupos que contaban con
diferente respeto dentro de la sociedad. Así estaban, tras los nobles, los
comerciantes, los artesanos, los médicos y los profesores y detras de éstos,
los que se dedicaban a la agricultura y a los oficios comunes. En el nivel

más bajo de la sociedad estaban los campesinos y, tras ellos, se encontraban los esclavos. En la sociedad azteca, sin embargo, no había muchos esclavos. Los esclavos eran o bien prisioneros de guerra o bien delincuentes o gente con deudas.

Los aztecas prestaban especial importancia a la educación de los hijos y tanto los niños como las niñas recibían educación desde su nacimiento en su casa (los padres educaban a los chicos y las madres a las chicas desde que tenían tres años). Posteriormente, al cumplir los quince años, se les enviaba a la escuela, aunque por separado. En las escuelas todos recibían conocimientos de su historia, sus mitos, su religión y sus cantos ceremoniales. Había dos tipos de escuelas: las de los nobles y las de los plebeyos. Las escuelas de los nobles estaban enfocadas a formar futuros jefes militares y gobernantes mientras que en las escuelas para los plebeyos, la educación estaba más enfocada a la agricultura y a los oficios para los chicos (además de un duro entrenamiento militar). A las chicas se las educaba para formar una familia y se ponía énfasis en las artes y oficios que les ayudaran a conseguir un mayor bienestar en sus futuras familias.

La mujer, sin embargo, aunque se formaba como madre de familia y se esperaba que fuera casta, religiosa y sumisa, tenía más derechos que muchas mujeres europeas de la época ya que podía tener propiedades a su nombre, reclamar justicia ante las autoridades o pedir el divorcio.

Key vocabulary for the unit

amerindio	American Indian
autoridad (f)	authority
canto (m)	chant, singing
casto	chaste
comerciante (m)	trader
delincuente (m)	criminal
derecho (m)	right
destinar	to post
deuda (f)	debt
embriaguez (f)	drunkenness
enfocar	to focus
engordar	to get fat
formar	to educate
justicia (f)	justice

militar	military
mito (m)	myth
mítico	mythical
muerte (f)	death
oficio (m)	trade
plebeyo	common people
prestar atención	to pay attention
prisionero (m)	prisoner
propiedad (f)	property
quejarse	to complain
reclamar	to demand
sacerdocio (m)	priesthood
sonar	to ring
sumiso	submissive
tras	after

UNIT EIGHTEEN
Relatives

Que is the most common relative pronoun in Spanish. It can refer to people or things, subject or object:

Examples: **La mujer que estaba en la cola**
The woman who was in the queue

El chico que robó el dinero
The boy who stole the money

El libro que te recomendé
The book which I recommended to you

Los obreros que mencionaste
The workers you mentioned

In the first two examples, **que** refers back to the subject of the sentence (the woman and the boy) whilst in the second two **que** refers to the direct object (the book and the workers), but the form does not change.

quien/quienes

Quien(es) can only be used for people, not for objects, but is less frequent in speech than the simple relative **que**:

Example: **Los niños, quienes estaban muy cansados,
se acostaron pronto.**
The children, who were very tired, went to bed early.

NB: **quienes** could not be used in this sentence if the relative clause was being used in a restrictive way, i.e. if it was being used to distinguish between the children who were tired and those who were not. In this case **que** would have to be used:

Los niños que estaban muy cansados se acostaron pronto.

Here are some other examples of the use of **quien(es)**:

Fue el profesor quien lo decidió.
It was the teacher who decided.

Era el chico con quien había soñado toda mi vida.
He was the boy I had dreamed of all my life.

In both of the above examples **que** could also have been used without the meaning being affected in any way.

el que/la que/los que/las que

These forms are used when the relative comes immediately after a preposition. They refer to objects, not people, and must agree in number and gender with the noun to which they refer.

Examples: **La mesa debajo de la que ...**
The table below which ...

Los árboles al lado de los que aparcamos ...
The trees next to which we parked ...

However, if the preposition consists of just one syllable, it is more common to use simply **que**:

Examples: **El cajón en que dejé mis papeles ...**
The drawer in which I left my papers ...

La información sin que no podíamos continuar ...
The information without which we could not continue ...

el cual/la cual/los cuales/las cuales

These are used in the same way as **el que/la que** etc. They can be used to refer to the subject or the object of the sentence and are used after prepositions:

Examples: **La casa delante de la cual aparcamos el coche . . .**
The house in front of which we parked the car . . .

El sofá detrás del cual encontramos los documentos . . .
The sofa behind which we found the documents . . .

Los libros sin los cuales (or **sin que**) **no podíamos estudiar . . .**
The books without which we could not study . . .

They can also be used to avoid possible ambiguity when there are two nouns preceding the relative pronoun:

Examples: **El niño y su madre, *la cual había estado enferma, lloraban.**
The child and his mother, who had been ill, were crying.

*The use of **la cual** instead of **que** makes it clear that it is the mother who had been ill and not the child.

Dejó su bolso en la puerta, la cual estaba abierta.
He left his bag at the door, which was open.

Me prestó sus apuntes de la conferencia, los cuales eran muy útiles.
He lent me his notes from the lecture, which were very useful.

lo que/lo cual

These forms are used to refer back to a whole idea or phrase rather than a specific noun:

Examples: **No nos envió ningún mensaje, lo cual** (or **lo que**) **nos sorprendió.**
He didn't send us a message, which surprised us.

Mi padre me prestó su coche, lo cual es totalmente increíble.
My father lent me his car, which is completely incredible.

In the above sentences the relative **lo cual** refers back to the entire preceding phrase, not just to the last noun mentioned.

cuyo/cuya/cuyos/cuyas

These translate the English 'whose' and must agree in number and gender with the noun to which they refer:

Examples: **El niño cuya madre trabaja en el supermercado ...**
The child whose mother works in the supermarket ...

Los chicos cuyas fotos estaban en el periódico ...
The boys whose photos were in the newspaper ...

La señora cuyo coche estaba aparcado en la calle ...
The lady whose car was parked in the street ...

Las mujeres cuyos niños jugaban en el parque ...
The women whose children were playing in the park ...

Exercise 18.1

Complete the following sentences with **que**, **el que**, **la que**, **lo que**, **las que**, **los que**:

1 Ayer estuve hablando con aquel matrimonio _____ conocí en Buenos Aires.

2 Te prometo que le he pagado todo el dinero _____ le debía.

3 No me acuerdo de _____ le dije en aquella reunión.

4 La película de _____ nos hablas parece divertida.

5 Los negocios de _____ me hablaste no fueron muy buenos.

6 Las pelotas con _____ jugamos están en ese armario.

7 Está intentando acordarse de _____ estudió en ese curso de informática.

8 La chica de _____ me hablaste ha venido a una entrevista.

9 No te he dado el libro que a mí me gusta. Te he dado _____ me pediste.

Exercise 18.2

Complete the following sentences with **cuyo, cuya, cuyos, cuyas**.

1   Lola redactó todos los informes _____ objetivo era la paz para Oriente Medio.

2   Estas directrices, _____ finalidades son conseguir mejores beneficios y disminuir el gasto en la empresa, entrarán en vigor el mes que viene.

3   Hay muchas personas en mi pasado _____ nombres no recuerdo.

4   Las personas _____ casas fueron destruidas por el terremoto recibirán ayudas estatales.

5   Ésta es la niña _____ madre murió en el accidente del lunes pasado.

6   Salamanca fue la única ciudad en el viaje _____ catedral nunca visitamos.

7   Me gustan los hoteles _____ comedores tienen vistas al mar.

8   Estos son los edificios _____ obras finalizarán el mes que viene.

Exercise 18.3

Do you need the article with the relative pronoun? Complete the following personal ad with an article if you think it is needed.

Quiero encontrar un hombre educado y de buena presencia _____ (1) que quiera empezar una nueva relación. Yo soy una mujer de mediana edad _____ (2) que trabaja mucho, pero _____ (3) que también sabe disfrutar de la vida. Tengo dos hijos, _____ (4) cuales ya son mayores, pero vivo sola. Mi hombre ideal sería un hombre para _____ (5) que el viajar fuera una de sus pasiones y con _____ (6) que pudiera pasar semanas interminables bajo el sol ya que tengo una casa en Marbella en _____ (7) que paso largas temporadas. Si crees que yo soy la mujer _____ (8) que necesitas o si crees que puedes ser el hombre _____ (9) que me haga feliz, por favor escríbeme al apartado de correos 333654 ¡y mándame una foto en _____ (10) cual estés guapo!

Exercise 18.4

In the following text, cross out the form of the relative that is wrong in each case.

Las Meninas es uno de los cuadros más famosos de Velázquez y la pintura más grande que/la cual (1) hizo. La pintura, la que/la cual (2) fue terminada en 1656, era una de las favoritas de la familia real. El cuadro debe su nombre a las dos mujeres que/cuales (3) acompañan a la infanta y que/cuyas (4) figuras aparecen en primer plano. El pintor, que/cuyo (5) autorretrato también aparece en la obra aunque en un segundo plano, alcanzó la perfección de su técnica en esta pintura por la forma en la cual/lo que (6) representa la luz y el aire, la cual/lo que (7) en términos pictóricos es conocido como la « perspectiva aérea » y de la cual/cuya (8) se le puede considerar su indudable maestro.

Exercise 18.5

Complete the following Mayan legend with the correct relative pronoun.

Dice la leyenda que la mujer Xtabay es una mujer hermosa _____ (1) suele agradar al viajero _____ (2) por las noches se aventura por los caminos del Mayab. Sentada al pie de la más frondosa ceiba _____ (3) hay en el bosque, la mujer Xtabay atrae al viajero con cánticos y con frases dulces de amor, las _____ (4) lo seducen, lo embrujan y cruelmente lo destruyen.

Muchas gentes _____ (5) no conocen el origen verdadero de la mujer Xtabay, han dicho que es hija de la ceiba, lo _____ (6) no es verdad ya que la auténtica tradición maya dice que si la Xtabay aparece junto a las ceibas es porque este árbol es sagrado y los hombres _____ (7) se acogen bajo sus ramas lo hacen confiados en su protección.

La Xtabay no es una mujer mala, la _____ (8) destruye a los hombres después de atraerlos con engaños al pie de las frondosas ceibas, sino que lo _____ (9) destruye a los viajeros puede ser otro de esos malos espíritus _____ (10) rondan por la selva al acecho de los peregrinos _____ (11) cruzan esos caminos aún poblados de superstición y de leyenda.

Cultural brief

Los mayas y las matemáticas

Los orígenes de la cultura maya más antigua no se conocen con certeza porque están rodeados de leyenda pero lo que sí se puede aseverar es que los primeros pueblos mayas estaban establecidos en Chiapas, Guatemala y Honduras. Estos primeros núcleos de civilización maya, sin embargo, ya se habían extinguido cuando la cultura maya alcanzó su plenitud en la región de Yucatán. Lo que nosotros conocemos hoy en día por « cultura maya » agrupa a una serie de pueblos que tenían diferentes lenguas y costumbres pero que compartían una misma civilización prehispánica.

El pueblo maya se dedicaba principalmente a la agricultura del maíz, el algodón y el cacao y desarrollaron ingeniosos sistemas de riego; también eran grandes artistas consagrados a la arquitectura (como lo demuestran las ruinas de las ciudades y templos que todavía se conservan en las regiones geográficas que habitaron) pero fueron, sobre todo, expertos matemáticos.

Uno de los mayores logros de la civilización maya fue su sistema matemático, muy diferente al nuestro, que legó a la humanidad un valor matemático que permitió el desarrollo de las matemáticas como las conocemos ahora: el cero. Se dice que los mayas inventaron el cero por su interés en la astronomía y la necesidad de tener un punto de partida en sus observaciones astronómicas, lo que les llevó posteriormente a la medición del tiempo (los calendarios mayas).

Los mayas contaban en base 20 (puede que esto fuera debido a que partían de contar tanto con los dedos de las manos como con los de los pies). Su sistema de numeración tenía tres símbolos principales: el punto (la unidad), la raya horizontal (con valor de cinco) y el cero (representado por una concha o caracola) y todos los números estaban representados por esos tres símbolos en un sistema en el que los valores de los números aumentaban de 20 en 20 de abajo a arriba.

Con solamente estos tres signos, los mayas eran capaces de realizar operaciones de suma, resta, multiplicación y división (podían incluso obtener la raíz cúbica de otro número), igual que hacemos nosotros con nuestro actual sistema numérico de base 10 (o decimal). Su sistema matemático era tan preciso que podían calcular los movimientos de los planetas y predecir eclipses con una exactitud que ninguna otra cultura pudo conseguir hasta el siglo XX; de hecho, el calendario maya es mucho más preciso en la medición del tiempo que el calendario que utilizamos en la actualidad.

Key vocabulary for the unit

agrupar	to group
alcanzar	to achieve
algodón (m)	cotton
aseverar	to assert, to state
autorretrato (m)	self-portrait
cántico (m)	song
caracola (f)	conch
ceiba (f)	silk-cotton tree
concha (f)	shell
con certeza	with certainty
consagrar	to dedicate, to devote
demostrar	to demonstrate
directriz (f)	guideline
extinguirse	to become extinct
legar	to leave, to bequeath
logro (m)	achievement
medición (f)	measurement
partir de	to start from
plenitud (f)	height, peak
pintura (f)	painting
posteriormente	later
***predecir**	to predict
primer plano (m)	foreground
punto (m)	dot
raíz (f) **cúbica**	square root
raya (f)	line
resta (f)	subtraction
ser capaz	to be able to
sistema (m) **de riego**	watering system
suma (f)	addition
terremoto (m)	earthquake
valor (m)	value

Note: The verb **predecir** is conjugated like **decir**, so 'I predicted' would be **predije**.

UNIT NINETEEN
Por and para

Por and **para** can cause some confusion to non-native Spanish speakers when they are used to mean 'for'. However, if you understand the underlying idea behind the word 'for', it is easier to distinguish between them.

por

Por is used to express the *cause, reason or motive* for an action, and it is often helpful to consider alternative ways in which the word 'for' could be interpreted in English, for example:

On account of

> **Se casó por amor.**
> He married for (on account of) love.

> **Lo hizo por envidia.**
> He did it for (on account of) jealousy.

In exchange for

> **Pagó 20 euros por las flores.**
> She paid 20 euros for (in exchange for) the flowers.

> **Te cambio mi bicicleta por tu ordenador.**
> I'll swap you my bicycle for (in exchange for) your computer.

On behalf of

> **Si te encuentras enferma, yo daré la clase por ti.**
> If you're unwell, I'll teach the class for (on behalf of) you.

Ya que no puedo salir, ¿podrías comprar el regalo por mé?
As I can't go out, could you buy the present for (on behalf of) me?

In favour of/in support of

Luchamos por la paz.
We are fighting for (in support of) peace.

Votaron por el partido socialista.
They voted for (in favour of) the socialist party.

para

Para is used to express *purpose, intention or destination*. As with **por**, it is often helpful to substitute an alternative expression in English to clearly identify the underlying meaning:

In order to

Voy al bar para encontrarme con mi novia.
I'm going to the bar to (in order to) meet my girlfriend.

Trabaja día y noche para aprobar sus exámenes.
He works night and day to (in order to) pass his exams.

Intended for

Quiero reservar una habitación para dos personas.
I want to reserve a room for (intended for) two people.

Compré un regalo para mi madre.
I bought a present for (intended for) my mother.

For the purpose of

¿Tiene algo para el dolor de cabeza?
Do you have anything for (for the purpose of) a headache?

Fumar es malo para la salud.
Smoking is bad for (for the purpose of) your health.

Considering

Es alto para sus cuatro años.
He is tall for (considering he is) four years old.

Es muy fuerte para mujer.
She is very strong for (considering she is) a woman.

Other uses of por *and* para

Both **por** and **para** have other uses which are much easier to distinguish, as they cannot be translated by 'for':

por

Through

Pasaron por la ciudad de Jaén.
They passed through the city of Jaen.

Puedes entrar por la puerta principal.
You can enter through the front door.

Around (within a limited space)

Lo dejé por aquí.
I left it around here.

Viajaron por toda España.
They travelled all over Spain.

About (within a limited time)

Tomaré mis vacaciones por junio o julio.
I'll take my holidays in (around) June or July.

Llegaremos por la mañana.
We'll arrive in the morning. (some time in the morning)

Por aquel entonces
Around that time

para

In the direction of

Vamos para casa.
We are going (in the direction of) home.

Salimos para Escocia mañana.
We leave for (in the direction of) Scotland tomorrow.

By (time by which)

Quiero terminarlo para mañana.
I want to finish it by tomorrow.

Tienes que decidir para esta noche.
You must decide by tonight.

As far as . . . is concerned

Para sus padres, es un ángel.
As far as his parents are concerned, he is an angel.

Para mí, que no vuelva.
As far as I'm concerned, he needn't come back.

You will no doubt come across cases which are not as clear cut as those outlined in this unit, but if you follow these guidelines, you will make the right choice in the majority of cases.

Exercise 19.1

Por or **para**?

1 Te lo dice _____ tu bien.

2 Fue a Buenos Aires _____ Madrid.

3 ¿_____ quién era el regalo?

4 ¿_____ dónde vas a la oficina?

5 Te lo vendo _____ 100 pesos.

6 ¿_____ cuándo lo necesitas?

7   Estudio _____ ingeniero.

8   Lo necesitaba _____ hoy.

9   Gracias _____ venir.

10 Corro _____ ese parque todas las mañanas.

Exercise 19.2

Cross out the incorrect preposition.

1   Te lo mando por/para avión.

2   Juan y Marta salen por/para Perú el martes por/para la mañana.

3   El parque Güell de Barcelona fue diseñado por/para Gaudí.

4   En Cancún paseábamos por/para la playa todos los días.

5   ¿Me puede enviar el documento por/para fax?

6   He comprado esta casa por/para muy poco dinero.

7   Rafael, aunque es muy pequeño, lee muy bien por/para su edad.

8   Esas flores son por/para Loreto.

9   Ese café es por/para Mario.

10 Brindemos por/para los novios.

Exercise 19.3

Complete the following text by putting **por** or **para** in the spaces.

Fui a Costa Rica hace tres veranos _____ (1) curiosidad.
Había leído en internet que es uno de los mejores sitios del planeta
_____ (2) ver tortugas ¡y a mi me encantan las tortugas!
_____ (3) suerte, encontré una página web que tenía viajes
organizados _____ (4) voluntarios _____ (5) muy poco
dinero. Lo organicé todo en una semana y ¡_____ (6) allá
que me fui, yo sola, con mi mochila y mi tienda de campaña!
Trabajé durante cuatro semanas _____ (7) una ONG. Mi
trabajo era vigilar la playa _____ (8) la noche _____
(9) que nadie robara los huevos que ponían las tortugas.
_____ (10) la mañana dormía y después de comer paseaba
_____ (11) el pueblo con la gente que conocí.

Exercise 19.4

How would you say the following in Spanish?

1   This present is for my mother.

2   I want it for tomorrow.

3   I will arrive by about four o'clock.

4   Mario y Lola travelled all through Guatemala.

5   He lost it around here.

6   As far as I'm concerned, this is the end.

7   Drinking is not good for Javier.

8   They are fighting for freedom.

9   Do you have time for a coffee?

10   She'll swap you her mobile phone for your MP3 player.

Cultural brief

Conservación de la naturaleza: las tortugas en Costa Rica

Costa Rica tiene una de las poblaciones más importantes del mundo de tortugas y se está realizando un gran esfuerzo en sus costas para conservar su habitat y ayudar a su conservación con programas de investigación y voluntariado para disminuir su peligro de extinción. Los programas de investigación de estos animales existen en Costa Rica desde los años 50, lo que supone que es el lugar del mundo donde se ha hecho el estudio más largo y exhaustivo de estos animales.

Hay cuatro tipos principales de tortugas que viven y anidan en las costas de Costa Rica: las tortugas verdes, las tortugas baulas, las tortugas carey y las tortugas loras o carpinteras. Todas ellas están protegidas por la ley. La ley de protección, conservación y recuperación de las tortugas marinas se aprobó en la Asamblea Legislativa de Costa Rica en 2002 e hizo que MINAE (el Ministerio de Ambiente y Energía) fuera el organismo oficial encargado de coordinar todos los proyectos para la conservación y el estudio de las tortugas en este país. Esta ley hizo, además, que muchas de las actividades que ponían en peligro las poblaciones de tortugas se convirtieran en delitos; así en Costa Rica desde entonces está penado por la ley (de uno a tres años de prisión) el matar, cazar, capturar o comerciar con tortugas o cualquier producto o subproducto relacionado con ellas.

PRETOMA (Programa de Restauración de Tortugas Marinas), fundada en 1997, es una de las asociaciones no gubernamentales más importantes en Costa Rica en lo referente a tortugas marinas. Se creó para proteger, conservar y restablecer las poblaciones de tortugas marinas de Costa Rica a través de la conservación de sus diversos habitats así como las aguas internacionales en las que habitan. Para ello, PRETOMA realiza campañas de concienciación y educación con la población local, asi como investigaciones científicas, trabajos de voluntariado e incluso litigios contra individuos u organizaciones que incumplen la ley costarricense en materia de conservación.

PRETOMA tiene también una campaña importante en Costa Rica en contra del aleteo en la pesca de tiburones, una práctica también ilegal en este país. El aleteo de los tiburones consiste en arrancar la aleta del tiburón y devolverlo al mar una vez realizado este acto, esté vivo o no, ya que su carne no tiene tanto valor comercial como su aleta.

Key vocabulary for the unit

aleta (f)	fin
arrancar	to rip off, to pull off
Asamblea Legislativa (f)	Parliament
anidar	to nest
carne (f)	flesh, meat
exhaustivo	comprehensive
incumplir	to break
investigación (f)	research
litigio (m)	litigation
mochila (f)	rucksack
página (f)	page
penado	punished
pesca (f)	fishing
prisión (m)	imprisonment
proteger	to protect
subproducto (m)	by-product
tiburón (m)	shark
tienda de campaña (f)	tent
tortuga (f)	tortoise, turtle
tortuga baula (f)	leatherback turtle

tortuga carey (f)	hawksbill turtle
tortuga lora o carpintera (f)	olive ridley turtle
tortuga verde (f)	green turtle
voluntariado (m)	voluntary work

UNIT TWENTY
Position of adjectives

The basic rule about the position of adjectives in Spanish is that they follow the noun to which they refer, whereas in English they precede the noun:

Examples: **Un jersey *rojo***
A red jumper

Una casa *moderna*
A modern house

Unos chicos *rebeldes*
Rebellious youths

However, the situation is not as straightforward as it at first appears, and there is much more flexibility about the position of adjectives in Spanish than in English.

Restrictive and non-restrictive adjectives

The position of adjectives in Spanish can vary according to whether the adjectives are *restrictive* or *non restrictive*.

A *restrictive* adjective is one which distinguishes the noun from others in its class:

Examples: **Novelas históricas**
Historical novels
(*as distinct from any other sort of novel*)

Coches franceses
French cars
(*as distinct from British or American cars*)

Los edificios modernos
Modern buildings
(*as distinct from old buildings*)

In the above examples, the emphasis is on the adjective rather than on the noun – the adjective is *restricting* the scope of the noun, or narrowing it down to a few in its class –, e.g. within the class of 'novels', we are referring only to the 'historical' ones.

As you can see, these *restrictive* adjectives always follow the noun.

Non-restrictive adjectives refer to all the entities referred to by the noun and do not distinguish those mentioned from others in their class. These adjectives often precede the noun – although this is not a hard and fast rule:

Examples: **Las hermosas casas de Santillana del Mar**
The beautiful houses in Santillana del Mar
(*'beautiful' is a characteristic of all the houses, it is not being used to distinguish the beautiful houses from the ugly ones*)

Las interesantes novelas de Isabel Allende
Isabel Allende's interesting novels
(*'interesting' is a characteristic of her novels*)

The emphasis in the above examples is on the noun rather than the adjective – e.g. all Isabel Allende's novels are interesting, so the adjective is not distinguishing them from others in the class.

Always restrictive

The distinction is not always as clear as set out above, but there are some types of adjectives which are always restrictive:

1   Those which are used for the purposes of contrast:

Examples: **No me gustan las naranjas agrias.**
I don't like sour oranges.
(*as opposed to sweet ones*)

Dame un plato limpio por favor.
Give me a clean plate please.
(*as opposed to a dirty one*)

2   Those which create a new 'type' or 'sub-group' of the noun:

> Examples: **El vino tinto**
> Red wine
> (*a sub-group of the noun 'wine'*)
>
> **Energía nuclear**
> Nuclear energy
> (*a sub-group of the noun 'energy'*)

3   Adjectives of nationality/related to regions:

> Examples: **La comida española**
> Spanish food
>
> **El queso manchego**
> Manchegan cheese

Usually non restrictive

Placing the adjective after the noun is rarely, if ever, actually 'wrong', but there are certain cases where it would be preferable for the adjective to precede the noun.

1   Adjectives used to describe characteristics which are usually associated with the noun and are therefore not distinguishing it from others in the same class:

> Examples: **El enorme elefante africano**
> The enormous African elephant
> (*Being enormous is a characteristic of all elephants, not a distinguishing feature.*)
>
> **La magnífica plaza de San Marco**
> The wonderful St Mark's Square
> (*Being magnificent is a generally agreed characteristic of St Mark's Square.*)

2   Adjectives which refer to every member of the class, and where to place the adjective afterwards would be ambiguous as it could suggest that the speaker is distinguishing between different categories:

Examples: **Los simpáticos mensajes de nuestros leyentes**
The kind messages from our readers
(*All the messages were kind, the speaker is not distinguishing between the kind messages and the unkind ones.*)

Gracias por los deliciosos chocolates
Thank you for the delicious chocolates
(*All the chocolates were delicious, not just some of them.*)

3 Adjectives used as intensifiers or swear words, when their primary meaning is not what is being expressed

Examples: **Mi santa madre**
My damned mother

Este maldito ordenador
This flaming computer

Tu dichosa familia
Your wretched family

There are certain adjectives whose meaning varies according to whether they are placed before or after the noun. These were dealt with in Basic Spanish Unit 7.

Exercise 20.1

Underline the adjectives in the following sentences and indicate whether they are restrictive (R) or non restrictive (NR):

1 Ángel tiene un coche rojo.

2 La suave brisa acaricia mi rostro.

3 Quiero el pantalón marrón.

4 Laura es una chica panameña.

5 Los valientes soldados ganaron aquella batalla sangrienta.

6 Los conquistadores españoles llevaron a América sus diferentes costumbres.

7 La población indígena hablaba lenguas amerindias.

8 Las lenguas bozales tuvieron un importante papel en el desarrollo del español de América.

Exercise 20.2

Group the adjectives in the following text into restrictive and non restrictive:

Después de un largo viaje, la impresionante ciudad de Panamá apareció en el horizonte. Sus altos y majestuosos rascacielos nos recordaron a las ciudades norteamericanas pero sabíamos que el mayor choque cultural estaba todavía por llegar. Era nuestro primer viaje a Centroamérica. Nuestra gran sorpresa fueron los « diablos rojos », los pintorescos autobuses urbanos que a diario transportan a miles de personas por la ciudad . . .

Restrictive: _____

Non restrictive: _____

Exercise 20.3

Insert the adjectives in their correct position in the following sentences as in the example.

Example: **Los soldados ganaron la batalla. (Todos eran *valientes*.)**
Los *valientes* soldados ganaron la batalla.

1 Se vendieron los cuadros de la exposición. (Todos los cuadros eran *bonitos*.)
2 Pidieron un vino. (No todo el vino era *barato*.)
3 Aprobaron todos los exámenes. (Sólo aprobaron los *difíciles*.)
4 Analizaron las consecuencias de la guerra. (Todas las consecuencias eran *terribles*.)
5 Le he comprado unos zapatos. (Le compré los *rojos*, no los azules.)
6 Tenían libros en las estanterías. (No todos los libros eran *interesantes*.)
7 Tenían planes para su nueva casa. (Todos los planes eran *grandes*.)
8 Les pedimos los programas para el ordenador. (Sólo queríamos los *nuevos*.)

Exercise 20.4

Change the following relative sentences into one sentence as in the example. (Before you write your sentence, think whether the relative clause is restrictive or non restrictive.)

Example: **Los niños que eran traviesos fueron castigados.**
Los niños traviesos fueron castigados.

1   Marta se llevó los libros que estaban viejos.

2   El día se llenó con reuniones – que fueron largas – y llamadas a clientes.

3   Compraron toda la mercancía que estaba rebajada.

4   Escuchamos todas las charlas, que fueron muy interesantes, de los ponentes.

5   Las vacaciones estuvieron llenas de trabajo, el cual fue duro.

6   ¿Te llevaste las fotografías que eran antiguas de nuestra familia?

7   ¿Te llevaste las fotografías, que eran antiguas, de nuestra familia?

8   Me gustan las tiendas de ropa que son baratas.

9   Por fin había llegado a aquella conclusión, la cual fue difícil.

10 Nos contaron los sucesos, que eran dramáticos, cuando volvieron.

Exercise 20.5

How would you express the following in Spanish?

1   I like bicycles (but only pink ones).

2   He did not like our books (they were all old).

3   They will like your delicious dinner. (**tú**)

4   They admired the magnificent buildings of Madrid.

5   We do not like Mexican food.

6   You do not like this red wine. (**Ud**)

7   Does she like Latin American literature?

8   You will like my friendly family. (**tú**)

Exercise 20.6

In the following text, some of the adjectives are repeated. Decide whether they should be in the restrictive or non-restrictive position and cross out the ones you think are not in their correct position.

Aunque en Latinoamérica existieron algunos **indios esclavos indios** (los Caribes), la condición de esclavo fue aplicada más a la **africana población africana**. La **española Corona española** decidió no esclavizar a los indios, que fueron declarados libres, pero no esclavizaron a los africanos. Por entonces ya existían **negros esclavos negros** en casi todas las **costeras ciudades costeras** de España y hasta en la misma **española corte española**.

Los africanos fueron así **forzosos emigrantes forzosos** a América. Se les cazaba como a animales o se les compraba en los **esclavistas mercados esclavistas** africanos, transportándoles luego al **Nuevo Mundo Nuevo**, donde eran vendidos como cualquier otra mercancía. El **esclavista negocio esclavista** es uno de los **grandes errores grandes** de la civilización occidental y en el que están implicados tanto los países que los vendieron como los países que compraron a dichos esclavos.

Cultural brief

Las lenguas bozales

La historia de la esclavitud en América Latina comenzó a principios del siglo XVI y duró hasta el siglo XIX. Los primeros esclavos negros llegaron a Latinoamérica desde España como sirvientes de los conquistadores. Estos primeros esclavos eran negros cristianizados a los que se llamaba « ladinos ». Los « ladinos » hablaban castellano y ya llevaban tiempo viviendo en España al servicio de las familias con las que llegaron a América.

Los conquistadores, sin embargo, pronto encontraron problemas para encontrar suficiente mano de obra entre la población indígena para trabajar sus tierras ya que tanto la Iglesia como la Corona consideraban a la población indígena como súbditos a los que no se podía esclavizar y, como consecuencia de esta falta de mano de obra, la Corona española empezó a permitir a principios del XVI la masiva importación de esclavos procedentes de África a las colonias españolas para trabajar las tierras de los conquistadores.

Se conocía entonces como « bozales » a los esclavos que habían nacido en África y que hablaban las lenguas europeas con dificultad ya que sus lenguas maternas eran las africanas. Con el tiempo, la palabra bozal pasó a denominar también la lengua que hablaban y, en la actualidad, se conocen como « bozales » las lenguas que surgen de esa mezcla de las lenguas africanas y del castellano habladas por los esclavos, sobre todo en el Caribe, donde hubo una mayor concentración de asentamientos. Esas lenguas bozales dieron origen a lo que hoy se conoce como las lenguas afro-hispánicas.

La reconstrucción de los bozales es difícil para los lingüistas ya que existen pocos textos de la época que sean realmente fiables. En su mayoría, los escritos que se han conservado con ejemplos de bozal contemporáneo están escritos por hablantes nativos de castellano que intentan imitar el habla de los esclavos, en algunos casos incluso como motivo de burla hacia ellos.

Los bozales o lenguas afro-hispánicas son importantes porque todavía quedan vestigios de ellos en la lengua de muchas comunidades y son uno de los motivos por el cual el castellano que se habla en ellas difiere en cierta medida del castellano peninsular, no sólo en el área del Caribe (Cuba, República Dominicana, Trinidad, Venezuela, Colombia, o México, por mencionar algunos ejemplos) sino también en el resto de Latinoamérica, en aquellos lugares donde existieron comunidades de esclavos provenientes de África (Bolivia, Perú, Paraguay, etc.).

Key vocabulary for the unit

acariciar	to caress
amerindio	America Indian
asentamiento (m)	settlement
brisa (f)	breeze
burla	mockery
castellano peninsular	Iberian Spanish
choque (m)	shock
conservar	to survive, to keep
contemporáneo	contemporary
corona (m)	crown
denominar	to call
diferir	to differ
época (f)	time
esclavitud (f)	slavery
esclavo (m)	slave
escrito (m)	document
estantería (f)	shelf
exposición (m)	exhibition
fiable	reliable

*habla (f)	speech
lengua materna (f)	mother tongue
lingüista (m)	linguist
mercancía (f)	merchandise
ordenador (m)	computer
pintoresco	colourful
ponente (m, f)	speaker
**rascacielos (m)	skyscraper
sangriento	bloody
sirviente (m)	servant
suceso (m)	event
vestigio (m)	trace

*Habla: note the masculine article (el) in the text, which is needed when used in the singular. The agreement of any adjective, however, should be in the feminine, as it corresponds to its gender (el habla criolla).

**Rascacielos: note that this word is the same for the singular and plural.

KEY TO EXERCISES

Unit 1: Expressions of time

Exercise 1.1

1 Después de comprar una entrada para el partido, Pedro la perdió. 2 Antes de comer juntas, Laura y Rocío fueron a montar a caballo. 3 Al recordar que era el cumpleaños de Pepe, mi hermana y yo le compramos un regalo. 4 Antes de hablar con su novio, Natalia llamó a Ana. 5 Después de jugar al golf, Mario y Ángel se tomaron una copa con sus amigos. 6 Al recibir la invitación, Loreto y Mar se pusieron muy contentas. 7 ¿Antes de ir a su hotel fueron Uds a la reunión? 8 Al recibir la noticia, mi madre se puso a llorar. 9 Después de no invitar a Carmen, la vieron en el mismo restaurante donde estaban cenando. 10 Antes de irse a vivir a Mallorca, María y Rafael se casaron.

Exercise 1.2

1 Acababan de llegar cuando recibieron la noticia. 2 Acaban de servir la cena. 3 ¿Acabas de conocer a Juan? 4 Acababa de hablar contigo cuando me llamó. 5 Acaba de enviar/mandar tu carta. 6 Acabábamos de comprar la entrada cuando cancelaron el concierto. 7 Acabamos de ver a tu hermano. 8 Acababan de leer su mensaje cuando llegó.

Exercise 1.3

1 Hace tres años que vivo en Madrid. 2 Conozco a Reyes desde hace seis meses. 3 Llevan cuatro horas jugando al tenis. 4 Hace doce años que no comemos carne. 5 Hace cinco meses que estoy enfermo. 6 Hace veinte años que ellos no ven a su hermana. 7 Llevan ocho semanas construyendo esa casa.

Exercise 1.4

1 Hace tres años que estudio español. 2 Hace dos horas que te espero. 3 Desde hace cuatro meses salgo con Juan. 4 Hace trece años que soy vegetariano. 5 Desde hace tres días no me siento bien. 6 Han cerrado la tienda hace cinco minutos. 7 Trabajaba en Barcelona desde hacía siete meses. 8 Cuando murió llevaba quince años enfermo. 9 En 1986 hacía diez años que no veía a sus padres. 10 Ya llevamos dieciocho días sin fumar.

Exercise 1.5

1 Después de acabar nuestras clases, (nos) fuimos al teatro. 2 Antes de vivir en Barcelona, vivían en Santiago de Chile. 3 Al ver la hora, se marchó/se fue/salió. 4 Acabamos de comprar un coche nuevo. 5 Acababa de llegar cuando llamó/telefoneó. 6 Hace tres años que vivo en esta casa/Vivo en esta casa desde hace tres años/Llevo tres años viviendo en esta casa. 7 Acaban de llegar. 8 Vicente acaba de salir/irse/marcharse, después de acabar su trabajo.

Exercise 1.6

Hace (1) más de 25 años que murió Franco y desde entonces España se ha modernizado mucho. Después de (2) morir Franco, España entró a formar parte de la Unión Europea pero antes de (3) entrar el país tuvo que modernizar su industria y su economía. España es miembro de pleno derecho de la UE desde hace (4) más de quince años y lleva (5) muchos años intentando ser un país líder en Europa.

Unit 2: The passive

Exercise 2.1

1 Se baten las yemas hasta que blanqueen. 2 Se les añade el licor. 3 Se mezcla esto a la harina cernida. 4 Se trabaja mucho la masa. 5 Se extiende la masa hasta que quede delgadita. 6 Se corta esta masa con una copita chica. 7 Se pinchan los círculos con un tenedor. 8 Se introducen los alfajores al horno bien caliente hasta que tomen color dorado. 9 Se hace hervir la leche condensada 2½ horas para que quede bien dura. 10 Se rellenan los alfajores con esto.

Exercise 2.2

(1) Se pone al fuego la paella con aceite y sal, cuando esté caliente (2) se va echando la carne troceada y (3) se dora bien. Cuando esté dorada

(4) se añaden las judías verdes a trozos. Después (5) se añade el tomate y (6) se fríe, (7) se pone el pimentón y en seguida (8) se llena la paella de agua. (9) Se deja hervir hasta que se hace el caldo. (10) Se añade el arroz (una manera fácil de poner la cantidad apropiada es hacer un montoncito con el arroz de asa a asa de la paella dejando que salga por encima del agua). (11) Se deja cocer a fuego fuerte unos diez minutos y después (12) se baja el fuego hasta secar el arroz (total unos 18 a 20 minutos). (13) Se deja reposar unos 5 minutos y (14) se sirve en la misma paella.

Exercise 2.3

1 No se cocina el pescado a altas temperaturas, pues las altas temperaturas destruyen sus nutrientes. 2 No se salan las hamburguesas hechas en casa si las vas a congelar. 3 No se pelan las berenjenas antes de cocinarlas. Si las pelas, se amargan y se ponen marrones. 4 Al freír nunca se tapan las sartenes. Si lo haces, la comida cuece. 5 No se pelan las patatas para ensalada antes de hervirlas, si lo haces, pierden la mayor parte de sus nutrientes. 6 No se desmoldan las tartas al sacarlas del horno. Se dejan reposar 10–20 minutos. 7 No se salan los filetes de ternera antes de freír, saben mejor si los salas después de fritos. 8 El arroz para paella nunca se lava.

Exercise 2.4

1 Se vende casa. 2 Se alquila piso. 3 Se dan clases de inglés. 4 Se busca habitación. 5 Se traduce al inglés/Se hacen traducciones al inglés. 6 Se buscan compañeros de piso/personas para compartir piso. 7 Se venden dos bicicletas. 8 Se necesita asistenta. 9 Se alquilan tres habitaciones en apartamento en Madrid. 10 Se necesitan cuatro camareros.

Exercise 2.5

1 Se dice que la dieta mediterránea es muy buena. 2 Estas novelas fueron escritas por Cela. 3 La ley ha sido aprobada por el gobierno. 4 Se dice que hay demasiados coches en Madrid. 5 Se probará una nueva teoría. 6 Hoy se ha cambiado la hora. 7 La nueva línea de metro en Barcelona ha sido abierta por el alcalde. 8 Se encontró una foto del accidente. 9 El contrato fue rechazado por los trabajadores de SEAT. 10 *El Guernica* fue pintado por Picasso.

Exercise 2.6

Durante la dictadura, en Argentina, muchos ciudadanos inocentes fueron detenidos (1) por los militares. No se sabe (2) qué es lo que les ocurrió a todas esas personas. Se cree (3) que fueron asesinadas (4) pero nunca se encontraron (5) sus cuerpos. Son los desaparecidos. Se fundó (6) entonces una organización de madres para intentar conseguir respuestas del gobierno.

Unit 3: Verbs with prepositions

Exercise 3.1

1 acostumbrase a; 2 atreverse a; 3 empezar a; 4 huir de; 5 invitar a; 6 depender de; 7 terminar de; 8 acordarse de; 9 dejar de; 10 dedicarse a.

Exercise 3.2

1 ¿Me invitas (tú) a comer en un restaurante chino hoy? 2 No me acuerdo (yo) de cuánto me costó. 3 Juega al fútbol todos los domingos por la mañana. 4 Se divorcia de su marido después de dos años de matrimonio. 5 Llegamos a Barcelona mañana por la mañana. 6 ¿Salís (vosotros) de Madrid esta noche? 7 No empiezan (ellos) a estudiar español hasta el año que viene. 8 ¿Me ayudas (tú) a hacer esto? Yo solo no puedo, es muy difícil. 9 ¿Se dedica (Ud) a la enseñanza? 10 Me niego (yo) a seguir jugando. Estoy cansado.

Exercise 3.3

1 consistir en; 2 casarse con; 3 pensar en; 4 contar con; 5 entrar en; 6 insistir en; 7 enfrentarse con; 8 chocar con; 9 convertirse en; 10 confiar en.

Exercise 3.4

1 No me entero de nada. 2 ¿Ha empezado a llover? 3 Mi hermano no confiaba en nadie. 4 María se enamoró de Juan en el verano de 2005. 5 Mi marido me amenazó con quitarme a mis hijos. 6 ¿Estás interesado en comprar esta casa? 7 No me he acordado de comprar la leche. 8 ¿Se va a negar a firmar el contrato? 9 Esta novela trata de la Segunda Guerra Mundial. 10 En ese proyecto colaboraron con una compañía francesa.

Exercise 3.5

1 Estoy buscando mis llaves. (*no preposition needed*) 2 Soñaban con viajar a China. 3 El sindicato lucha por los derechos de los trabajadores. 4 ¿Escuchaste el partido en la radio ayer? (*no preposition needed*) 5 Estoy preocupado por mi hermano. 6 Salieron de París ayer por la mañana. 7 Lola se opuso a aprobar a Pepe. 8 ¿Vas a pagar tú los cafés? (*no preposition needed*)

Exercise 3.6

Los incas vivían en (1) la cordillera de los Andes y su sociedad dependía de (2) la agricultura y se basaba en (3) la familia. Sus actividades diarias estaban centradas en (4) el campo y sólo las familias nobles estaban interesadas en (5) la educación de sus hijos varones. Los incas creían profundamente en (6) la solidaridad y se ayudaban (7) mutuamente.

Unit 4: The present subjunctive

Exercise 4.1

1 comas (tú), coma (él); 2 cantemos (nosotros), cante (yo); 3 quieran (ellos), quiera (Ud); 4 escriba (yo), escribáis (vosotros); 5 muráis (vosotros), muera (ella); 6 pidan (Uds), pida (él); 7 esté (yo), estemos (nosotros); 8 puedas (tú), podáis (vosotros); 9 baile (él), bailen (Uds); 10 prefieran (ellos), prefiera (yo).

Exercise 4.2

	Present indicative	*Present subjunctive*
(cantar, yo)	canto	cante
(morir, él)	muere	muera
(contar, ellos)	cuentan	cuenten
(saber, nosotros)	sabemos	sepamos
(ir, vosotros)	vais	vayáis
(dar, Uds)	dan	den
(conducir, yo)	conduzco	conduzca
(estar, tú)	estás	estés
(ser, nosotros)	somos	seamos
(ver, vosotros)	veis	veáis

Exercise 4.3

1 Prefiero que ella venga conmigo. 2 Prefieren que Ud diga la verdad. 3 Esperamos que ellos encuentren el dinero. 4 ¿Esperáis que nosotros lleguemos mañana? (*Note*: with verbs ending in **-gar** the **u** is needed to maintain the soft **g**.) 5 Antonio quiere que yo vaya a la fiesta. 6 ¿Quieren que mi jefe pida la cuenta? 7 ¿Prefieres que Ángel haga la maleta? 8 Espero que vosotros podáis venir. 9 Juan prefiere que nosotros nos quedemos en casa. 10 Quieren que yo dé la clase hoy.

Exercise 4.4

1 Quiero que haya paz en el mundo. 2 Quiero que los hombres no luchen más. 3 Quiero que terminen todas las guerras. 4 Quiero que el mundo viva en paz. 5 Deseo que los gobiernos dialoguen. 6 Deseo que no muera más gente inocente. 7 Deseo que la humanidad aprenda a entenderse. 8 Deseo que los pueblos convivan en paz. 9 Quiero que desaparezcan los odios. 10 Deseo que en el mundo reine la paz.

Exercise 4.5

1 Quiero ir a Nueva York. 2 Quiero que vayamos a Nueva York. 3 Queremos aprender español. 4 Queremos que ellos aprendan español. 5 Él quiere que Ud conduzca el coche. 6 Él quiere conducir el coche. 7 Prefiero comer en casa. 8 Prefiero que mis hijos coman en casa.

Exercise 4.6

1 No, prefiero comer en un restaurante. 2 No, quiero que vayas tú. (*Note*: the subject goes to the end position here because it is emphatic.) 3 No, preferimos ir al cine. 4 No, quieren que vaya Mario. 5 No, prefieren comprar un piso. 6 No, preferimos escuchar/oir la radio. 7 No, prefieren estar en la playa. 8 Quiero que conozcas a mis padres.

Exercise 4.7

1 Es importante que todos los niños posean nombre y nacionalidad. 2 Es fundamental que la infancia viva con plenitud, libre de hambre, miseria, abandono y malos tratos. 3 Es básico que los niños vivan en un ambiente seguro. 4 Es importante que la infancia tenga una educación. 5 Es fundamental que todos los niños disfruten de tiempo de ocio. 6 Es básico que la infancia reciba asistencia sanitaria. 7 Es importante que los niños participen, a su nivel, en la vida social, económica, cultural y política de su país.

Unit 5: Imperatives

Exercise 5.1

1 come (tú), coma (Ud); 2 comprad (vosotros), compra (tú); 3 vivan (Uds), viva (Ud); 4 escribe (tú), escribid (vosotros); 5 cantad (vosotros), canten (Uds); 6 den (Uds), da (tú); 7 vea (Ud), ved (vosotros); 8 lee (tú), leed (vosotros).

Exercise 5.2

1 fríe; 2 haga; 3 cuenten; 4 sepa; 5 vayan; 6 da; 7 conduzcan; 8 pon; 9 vayan; 10 vuelva.

Exercise 5.3

1 No vengas conmigo. 2 No contéis el dinero. 3 No vendan el piso. 4 No juguéis en el parque. 5 No vayas al colegio hoy. 6 No pidáis un café. 7 No hagas los deberes ahora. 8 No digáis la verdad. 9 No salgáis de Madrid a las tres de la tarde. 10 No des la clase de matemáticas.

Exercise 5.4

1 Escríbesela. 2 No se la mande. 3 Compradlos allí. 4 No se las contéis. 5 No se las des. 6 Cogédselos. 7 Pónganselos. 8 Léeselo.

Exercise 5.5

1 Déme las llaves. 2 Óyeme/Escúchame. 3 Dejad de fumar. 4 Déme/Tráigame la cuenta. 5 Dadme vuestro número de teléfono. 6 Cierra la puerta. 7 Pongan el libro en/sobre la mesa. 8 Ven aquí/acá.

Exercise 5.6

1 Bailemos. 2 Vayamos al cine. 3 Comamos en ese restaurante. 4 Volvamos a casa/Vayámonos a casa. 5 Tomemos/cojamos el autobús. (*Note*: the verb **coger** in the sense of 'to take' can only be used in Peninsular Spanish. In Latin American Spanish the verb **coger** can have a taboo meaning and, hence, should not be used.)

Exercise 5.7

1 Piénsenselo bien antes de correr y no intenten correr todo el encierro. Elijan un tramo y retírense de la carrera cuando estén cansados. 2 No corran estando bebidos. Es muy peligroso tanto para Uds. como para los demás. 3 Permanezcan atentos a todo lo que ocurre a su alrededor y no molesten a los demás. No sean un obstáculo para los que están corriendo. 4 No toquen ni llamen a los animales y nunca corran detrás de ellos. 5 No lleven nada encima que pueda entorpecer su carrera. 6 Si se caen al suelo, no se levanten. Quédense totalmente quietos y protéjanse con las manos hasta que pase el peligro.

Unit 6: Subjunctive after verbs of influence

Exercise 6.1

1 El sindicato quiere que haya más comunicación entre la dirección y los trabajadores. 2 Los trabajadores piden que la dirección tenga más en cuenta cuestiones de seguridad laboral. 3 Queremos que las personas con hijos pequeños puedan tener un horario flexible. 4 El departamento de limpieza quiere que se les pague las horas extras. 5 Pedimos que no se permita fumar en las oficinas. 6 Queremos que bajen los precios de la comida en la cantina. 7 Queremos que la compañía ofrezca más incentivos. 8 Pedimos que la dirección establezca un plan de pensiones para los trabajadores.

Exercise 6.2

1 No consiento que Loreto llegue tan tarde. 2 Permitimos que los niños jueguen en el parque. 3 ¿No permiten que entren perros en su restaurante? 4 Marta y Juanjo permiten que el gato duerma en el salón. 5 ¿Mario consiente que fuméis en su casa? 6 La directora no permite que Lola dé clases por la noche. 7 Elena no consiente que los niños coman viendo la televisión. 8 Consentimos que Julia utilice nuestro coche los fines de semana.

Exercise 6.3

1 Les prohíbo que vendan el piso. 2 Nos prohíben que juguemos en el parque. 3 Le prohíbe que vaya al cine. 4 Te prohibimos que salgas hoy. 5 Les prohibís ver la televisión. 6 Le prohíbo hablar/platicar conmigo. 7 Le prohíbe que diga la verdad. 8 Me prohíben que compre el coche.

Exercise 6.4

1 Te aconsejo que hables con tu amiga sobre esto. 2 Os aconsejo que habléis/converséis/platiquéis de vuestra relación. 3 Os aconsejo que hagáis más cosas juntos. 4 Te aconsejo que hagas un curso de informática/de ordenadores/de computadoras. 5 Te aconsejo que busques trabajo. 6 Os aconsejo que os compréis la casa. 7 Os aconsejo que habléis/converséis/platiquéis con vuestros padres de vuestros sentimientos. 8 Os aconsejo que no abandonéis/dejéis vuestros estudios. 9 Os aconsejo que penséis en todas vuestras opciones. 10 Os aconsejo que esperéis un par de años.

Exercise 6.5

Querida Esperanza:
   ¿Cómo estás? Te ruego que me (1) perdones por no haberte escrito antes y quiero que (2) sepas que aunque no te he escrito, no me he olvidado de ti.

He conocido a un chico y llevo dos meses saliendo con él. Él me ha pedido que nos (3) vayamos a vivir juntos y queremos casarnos el año que viene. Mi madre me aconseja que no (4) hagamos el loco y me ha pedido que (5) esperemos un tiempo antes de hacer nada.

Yo estoy segura de que quiero casarme porque Rafael es un chico estupendo y muy generoso. Nunca consiente que yo (6) pague nada cuando salimos. Además no quiere que (7) abandone mis estudios y me ha pedido que no (8) trabaje para poder concentrarme más en la universidad. ¡Siempre me dice que (9) piense en mi futuro!

Quiero que (10) vengas a conocerle. ¿Qué fin de semana te viene bien?

Un beso,

Ana

Exercise 6.6

UNICEF tiene proyectos importantes en Bolivia de ayuda a la infancia. En Casa Kantuta (en El Alto, cerca de La Paz), por ejemplo, se recogen a niñas de la calle y se les ayuda a tener una vida mejor. UNICEF quiere que todos los niños del mundo vivan (1) en condicionas dignas. Sus campañas piden a los países desarrollados que ayuden (2) a la infancia de países menos favorecidos y ruegan que la gente dé (3) generosamente para poder desarrollar sus proyectos. No se puede consentir que en países como Bolivia haya (4) miles de niños que viven en la calle, abandonados, sin acceso a una vivienda o a la educación. Es importante que los gobiernos de todo el mundo consideren (5) la infancia como una de sus prioridades y que exijan (6) que se respeten y se cumplan (7) los derechos de los niños.

Unit 7: Subjunctive after verbs of emotion

Exercise 7.1

1 No nos gusta que Rocío vuelva a casa tarde. 2 Tengo miedo de que Ana viaje a la selva sola. 3 Arancha siente que Pepe no pueda ir a la fiesta. 4 Les alegra que el Real Madrid gane el partido. 5 No me gusta que Ángela conduzca por la noche. 6 ¿Os molesta que Julia ponga la televisión? 7 Esperamos que Luis y Danixa puedan volver pronto a Panamá. 8 Lamentan que Mayte tenga que darte esta noticia.

Exercise 7.2

1 Me alegra que tu hermano vuelva a Madrid. 2 Estamos contentos de que Marta se case con Juan. 3 A Mayte no le gusta que Rafa utilice su coche. 4 Laura tiene miedo de que Luis coma demasiado. 5 Lola está contenta de que Jesús apruebe el examen. 6 Mario está entusiasmado de que Rocío

juegue al golf. 7 Les molesta que Elena fume. 8 Loreto está contenta de que Mar tenga novio. 9 A Carmen le extraña que Vicente no escriba a su madre. 10 Se lamentan de que el Barcelona pierda el partido.

Exercise 7.3

1 Me molesta que Loreto fume. 2 Se sorprende de que Luis esté aquí/acá. 3 Se alegran de que puedas venir. 4 No me gusta que trabaje los sábados. 5 Nos tememos que no llegaremos a tiempo.

Exercise 7.4

1 Tengo miedo de que no haya paz en el mundo. 2 Me alegro de que la gente pueda vivir mejor. 3 Me molesta que no escuchen a la gente. 4 Lamento que no pueda hacer más por el medioambiente. 5 Me gusta hacer feliz a la gente. 6 Me sorprendo de que la gente beba y conduzca.

Exercise 7.5

Los panameños están muy orgullosos de su Canal pero temen que su ampliación ponga (1) a la economía panameña en una situación insostenible. Tienen miedo de que el país no pueda (2) pagar la deuda y muchos se sorprenden de que el gobierno no piense (3) en las consecuencias que esta deuda puede tener para el país. Algunos panameños se lamentan de que no se hable (4) de inversión extranjera en la ampliación y esperan que el gobierno recapacite (5) y no insista (6) en que sean (7) sólo los panameños los que tengan (8) que pagar la factura de la ampliación.

Unit 8: Subjunctive after impersonal expressions

Exercise 8.1

1 Es importante que reciclemos más. 2 Es triste que los países desarrollados produzcan toneladas de basura al día. 3 Es lamentable que los gobiernos no presten más atención a los problemas medioambientales. 4 Es increíble que algunos países no crean que haya un calentamiento global del planeta. 5 No es de extrañar que cada año haya más sequía. 6 Puede que para el año 2100 exista un grave problema de falta de agua en el planeta. 7 Es probable que con el calentamiento global aumente la hambruna en África.

Exercise 8.2

Es lamentable que todavía exista (1) el problema del racismo en algunos sectores de la población en España. Es cierto que la inmigración ha aumentado (2) mucho en las últimas décadas pero es triste que algunos españoles no se acostumbren (3) a convivir con las personas que cada día llegan (4) a su país buscando una mejor calidad de vida. Puede que con el tiempo las nuevas generaciones sean (5) más positivas con respecto a la inmigración; no cabe duda de que el gobierno está (6) haciendo un gran esfuerzo para acabar con el racismo y la violencia. Es increíble que, con el grave problema del envejecimiento de la población que hay en España, algunos españoles todavía piensen (7) que la inmigración es innecesaria.

Exercise 8.3

1 Es importante que vistemos a nuestros clientes. 2 Es probable que estemos allí dos semanas. 3 Es posible que aumentemos las ventas. 4 Posiblemente consigamos diez (clientes) más. 5 Es necesario que estemos juntos. 6 Puede que la cambiemos. 7 Sí, es lamentable que no pueda venir a Barcelona.

Exercise 8.4

1 Es increíble que haya tanto tráfico en las ciudades españolas. 2 Es importante que haya más transporte público. 3 No es sorprendente que los niños tengan problemas respiratorios. 4 Es necesario que la gente deje de usar/utilizar los coches. 5 Es triste que el gobierno no tenga políticas ecológicas.

Exercise 8.5

El Amazonas es una de las reservas naturales más importantes que existen en el planeta, por eso es importante que todos los gobiernos del mundo sean (1) conscientes de la necesidad de su conservación. Es increíble que todavía se permita (2) la tala de árboles en su cuenca y es lamentable que no haya (3) programas adecuados de conservación para evitar la contaminación tanto del río como de su entorno. Es triste que ya estén (4) muriendo muchas de sus especies animales y que nosotros no hagamos (5) nada para evitarlo. Es una pena que los gobiernos no escuchen (6) a los grupos ecologistas porque puede que ya sea (7) demasiado tarde para evitar el calentamiento del planeta y sus consecuencias para la humanidad.

Unit 9: The imperfect subjunctive

Exercise 9.1

1 trabajara, trabajase; 2 corriéramos, corriésemos; 3 escribieran, escribiesen; 4 besara, besase; 5 vierais, viesen; 6 partieras, partieses; 7 cantaran, cantasen.

Exercise 9.2

1 Era importante que Marta fuera/fuese a Alicante. 2 Era probable que Rafael fuera/fuese el ganador. 3 Esperaba que Mar y Loreto vinieran/viniesen a mi casa. 4 Es posible que Mario y Elena condujeran/condujesen un coche rojo. 5 Es dudoso que yo dijera/dijese eso. 6 Era importante que Ud estuviera/estuviese en esa reunión. 7 Era impensable que vosotros anduvierais/anduvieseis por el bosque solos de noche. 8 No era de extrañar que tú dieras/dieses dinero a los pobres. 9 No era probable que Uds quisieran/quisiesen comprar ese negocio. 10 Puede que nosotros no viéramos/viésemos el accidente.

Exercise 9.3

1 Querían que Maite hiciera/hiciese la cena esta noche. 2 ¿Quería que volara/volase a Santiago? 3 No queríamos que los niños trajeran/trajesen la pelota. 4 Quería que Begoña saliera/saliese de ahí. 5 ¿Queríais que Rocío oyera/oyese esa música? 6 No querías que Juanjo pusiera/pusiese la mesa. 7 Lola quería que Jesús anduviera/anduviese una hora todos los días. 8 Ángela quería que Julia se pusiera/pusiese mejor.

Exercise 9.4

1 ¿Permitiste que Elena llegara/llegase siempre tarde? 2 ¿No le aconsejaron que dejara/dejase de fumar? 3 Les prohibí que entraran/entrasen a esa zona. 4 Sintieron que os tuvierais/tuvieseis que ir. 5 Tuvo miedo de que su novia le dejara/dejase. 6 ¿Os molestó que fuera/fuese con mi perro? 7 ¿Le dije que Luis no viniera/viniese a la fiesta? 8 No te pedí que supieras/supieses cómo hacerlo.

Exercise 9.5

El Che Guevara quizás fuera/fuese (1) una de las figuras más importantes de la revolución en Cuba junto con Fidel Castro y para muchos su persona es un mito. Aunque naciera/nació (2) en Argentina, el Che se consideraba también cubano. Para el Che era importante que el pueblo supiera/supiese (3) que la lucha armada era el único camino para la liberación y por eso no es de extrañar que él mismo luchara/luchase (4) hasta su muerte por los pueblos oprimidos. En un mensaje para sus hijos antes de morir, el Che les instó a que crecieran/creciesen (5) como verdaderos revolucionarios y a que siempre fueran/fuesen (6) « capaces de sentir en lo más hondo cualquier injusticia cometida contra cualquiera en cualquier parte del mundo » y les rogaba que siempre tuvieran/tuviesen (7) presente que necesitaban de los demás, que solos no valían nada.

Unit 10: Subjunctive in expressions of time

Exercise 10.1

1 Cuando lleguen Pedro y Juan iremos al cine. 2 Compraremos la casa después de que Rocío venda la suya. 3 Nos quedaremos aquí hasta que venga mi hermana. 4 En cuanto llame Marta, salimos. 5 Mientras esté en Valencia, ¿alquilará una casa? 6 Tan pronto como acabe el trabajo, te llamo. 7 Antes de que conozcas a Loreto, te daré una fotografía suya.

Exercise 10.2

1 Tan pronto como vengan, salimos para Tarragona. 2 Antes de que llueva, terminaremos el trabajo. 3 Mario y Ángela seguirán en esa casa mientras puedan. 4 No se muevan de aquí hasta que llegue el coche. 5 Apenas termine esta llamada, comenzará la reunión. 6 Te puedes llevar el coche después de que vuelva del mercado. 7 ¿No necesitará ese libro hasta que tenga el examen?

Exercise 10.3

1 Cuando Maite llegó pusimos la película. 2 Apenas coman los niños nos iremos al parque. 3 Te llamaremos en cuanto sepamos la noticia. 4 Se fueron a casa tan pronto como acabó la reunión. 5 Estaremos en el colegio antes de que salga Rafa. 6 Mientras pudo, Juan vivió en esa casa.

Exercise 10.4

1 Llámame cuando llegues. 2 Páguennos cuando tengan (el) dinero. 3 Envíenos el pedido cuando le llamemos/Envíenoslo cuando le llamemos. 4 Tráeme el libro cuando no lo necesites/tráemelo cuando no lo necesites. 5 Mandadnos el regalo cuando podáis/mandádnoslo cuando podáis.

Exercise 10.5

1 Ven tan pronto como puedas/en cuanto puedas. 2 Viniste tan pronto como pudiste/en cuanto pudiste. 3 ¿Vendrás tan pronto como puedas/en cuanto puedas? 4 ¡No vengas tan pronto como puedas/en cuanto puedas! 5 No viniste tan pronto como pudiste/en cuanto pudiste.

Exercise 10.6

Juan Valdez es el símbolo mundial del café de Colombia. Su figura nació en 1959, después de que la Federación Nacional de Cafeteros de Colombia encargara/encargase (1) a Doyle Dan Bernbach una campaña publicitaria para su café. Su fama internacional, sin embargo, la logró a partir de 1981, después de que su imagen entrara/entrase (2) a formar parte del logotipo de la Federación y apareciera/apareciese (3) en todos los anuncios y paquetes de café de Colombia en el mundo.

Carlos Castañeda, el actual Juan Valdez, es un pequeño caficultor de Antioquía y nunca había montado en avión antes de que ganara/ganase (4) la elección para ser Juan Valdez y reemplazara/reemplazase (5) a Carlos Sánchez en junio de 2006, el que fuera/fuese (6) Valdez durante los últimos 25 años.

Unit 11: Subjunctive after certain conjunctions

Exercise 11.1

1 No lo haré a menos que mi jefe me lo ordene. 2 Suponiendo que eso sea correcto, terminaré el informe. 3 Se lo digo para que tenga cuidado. 4 Iremos a condición de que vosotros vengáis también. 5 A pesar de que lo repita continuamente, no es verdad. 6 Comerán con nosotros siempre que lleguen a tiempo. 7 No te lo daré a menos que digas « por favor ».

Exercise 11.2

1 Para que no lo vieras/~~veas~~, se lo comió en su habitación. 2 Irán de compras a pesar de que ~~lloviera~~/llueva. 3 Incluso suponiendo que lo supieran/~~sepan~~ cuando ocurrió, no reaccionaron adecuadamente. 4 Rocío no lloraba siempre que le dieran/~~den~~ lo que quería. 5 Te pagaré todo el día de hoy a pesar de que no ~~trabajaras~~/trabajes hasta las ocho. 6 Con tal de que me lo ~~dieras~~/des, no me importa de quien sea. 7 Lo hace así a fin de que ~~pudiéramos~~/podamos entenderlo.

Exercise 11.3

1 A pesar de que no encontrara el dinero, Mayte pagó las facturas. 2 Siempre ponía las llaves ahí para que yo las tomara. 3 Siempre que estén acompañados por un adulto, los niños son bienvenidos. 4 Lo escribe de manera que parezca que lo ha hecho su hijo. 5 No bebía café a no ser que tuviera azúcar.

Exercise 11.4

1 No iré a menos que me lleves. 2 Suponiendo que Marta venga, iremos en mi coche. 3 Hace eso para que/a fin de que me enfade/enoje. 4 Pedro escribió esa nota ayer a fin de que/para que no me perdiera. 5 Juan aparcaba

el coche ahí/allí/allá para que lo viéramos. 6 No puedo comprar ese coche a menos que el banco me preste 2.000 euros. 7 Le di su número de teléfono para que pudiera llamarle/telefonearle. 8 Se lo dejo a Vicente a condición de que no lo rompa.

Exercise 11.5

A menos que los grandes recursos naturales que existen en Venezuela se nacionalicen (1) realmente, los venezolanos seguirán siendo un pueblo con marcadas diferencias sociales y económicas a pesar de que tengan (2) la producción de petróleo más alta de América Latina. A menos que el gobierno ponga (3) los intereses de los venezolanos por encima de los intereses de la empresa privada, la situación no va a cambiar fácilmente aunque algunas organizaciones públicas empiecen (4) a realizar esfuerzos para que se mejore (5) la calidad de vida, sobre todo, en las zonas rurales del país. A menos que no haya (6) intereses privados en la producción de petróleo, el país no puede beneficiarse de manera justa de sus riquezas naturales.

Unit 12: Subjunctive in relative clauses

Exercise 12.1

1 Busco gente que hable inglés. 2 Busco personas que vivan cerca del centro. 3 Busco chicos que tengan entre 20 y 25 años. 4 Busco chicas que sean bailarinas profesionales. 5 Busco hombres que tengan barba. 6 Busco mujeres que sean rubias. 7 Busco niños que tengan el pelo largo. 8 Busco niñas que sepan judo.

Exercise 12.2

1 (a) Necesitamos tres habitaciones en un hotel de cinco estrellas que tengan aire acondicionado (because you do not know exactly which rooms you are having, you are expressing a wish). 2 (a) Queremos la sala de reuniones del año pasado que tiene videoconferencia (because you know exactly which room you want). 3 (a) Llegaremos el martes que viene, en el vuelo de British Airways de Londres que aterriza en La Habana a las 12.30 de la tarde (because you know exactly which flight you are travelling on). 4 (a) Planeamos viajar a Cienfuegos el jueves por la mañana en un coche que alquilemos al llegar (because you do not know which car you are going to get).

Exercise 12.3

1 No conozco a nadie que hable árabe. 2 No había nadie que supiera bailar flamenco. 3 No conocemos ningún hotel que tenga piscina en el centro. 4 No hay nada que puedas hacer. 5 ¿Encontraste el restaurante que te recomendé?

Exercise 12.4

El viaje que hicimos (1) Begoña y yo a Latinoamérica este verano fue inolvidable. No hubo nada que no difrutáramos (2). En Panamá visitamos a una familia maravillosa, los Vásquez, que nos enseñaron (3) la ciudad. En Bolivia fuimos a Santa Cruz, una ciudad que nos encantó (4) por su gente. En Colombia estuvimos en Bogotá, en un hotel que nos recomendó (5) un amigo y en Ecuador no visitamos ningún lugar que no nos gustara (6).

Exercise 12.5

1 El realismo mágico no es una literatura que ~~es~~/sea de fácil lectura. 2 García Márquez no es un escritor que ~~habla~~/hable mucho con la prensa. 3 Macondo es un lugar que no existe/~~exista~~ en la realidad, sólo en la literatura de García Márquez. 4 Macondo es un lugar imaginario que representa/~~represente~~ a toda América Latina. 5 García Márquez escribió una novela titulada *El coronel no tiene quien le* ~~escribe~~/*escriba*. 6 No hay nadie que ~~cuenta~~/cuente historias como García Márquez. 7 Los Buendía son la familia que protagonizan/~~protagonicen~~ *Cien años de Soledad*. 8 *Crónica de una muerte anunciada* es un relato que está/~~esté~~ basado en un hecho real. 9 No hay otro escritor en el mundo que ~~representa~~/represente el realismo mágico mejor que García Márquez.

Unit 13: Subjunctive to express doubt or denial

Exercise 13.1

1 Arancha no está convencida de que Laura tenga grandes problemas. 2 No parece que vaya a llover. 3 Elena no dijo que su padre sea médico. 4 No veo que tengas razón en eso. 5 Juan y Marisol no creen que estés exagerando. 6 Mi madre no piensa que comas demasiado. 7 Ángela no está segura de que Julia vaya a volver.

Exercise 13.2

1 Loreto no creía que pudiera/pudiese acabar el informe hoy. 2 Marta no estaba convencida de que Juan llegara/llegase antes de las tres. 3 Mario

no estaba seguro de que debiera/debiese hacerlo. 4 No parecía que fuera/
fuese a llover. 5 Rocío no dijo que estuviera/estuviese enferma.

Exercise 13.3

Le escribo para protestar sobre los planes para un campo de golf en Haza
(Burgos). No dudo que Uds han/hayan (1) realizado un estudio sobre su
viabilidad pero no creo que el campo de golf sea (2) la solución adecuada
para fomentar el turismo en este bonito pueblo, principalmente porque
dudo que en el pueblo existan (3) las reservas de agua suficientes para
regarlo y mantenerlo. No niego que Haza necesita/necesite (4) el turismo
pero me parece que hay (5) formas mejores de atraerlo sin tener que
desperdiciar el agua que el pueblo tanto necesita (6).

Exercise 13.4

1 Dudo que llegue a tiempo. 2 No dijiste que Rafael fuera/fuese médico.
3 No negamos que pueden/puedan hacerlo. 4 Niega que lo comprara allí/allá.
5 No creen que lo hiciera/hiciese. 6 No parecía que fuera/fuese a nevar.
7 No creo que terminéis para las seis.

Exercise 13.5

1 Creo que el Frente Sandinista es una organización nicaragüense. 2 Los
sandinistas dudaban que Somoza dejara/dejase el poder voluntariamente.
3 No hay duda de que Somoza se hizo rico acumulando tierras y riquezas
que pertenecían a los nicaragüenses. 4 No se puede negar que los EEUU
se aliaron con Somoza. 5 Los nicaragüenses no vieron bien que los EEUU
invadieran/invadiesen su país. 6 Creo que los sandinistas llegaron al poder
en Nicaragua en 1979. 7 En 1979 no parecía que el triunfo sandinista
fuera/fuese a acabar con la violencia en el país. 8 El tribunal de la Haya no
dijo que los EEUU fueran/fuesen inocentes por sus acciones en Nicaragua.

Unit 14: The perfect and pluperfect subjunctive

Exercise 14.1

1 haya cantado (perfect), hubiera/hubiese cantado (pluperfect); 2 hayáis
escrito (perfect), hubierais/hubieseis escrito (pluperfect); 3 hayas puesto
(perfect), hubieras/ hubieses puesto (pluperfect); 4 hayamos abierto (perfect), hubiéramos/hubiésemos abierto (pluperfect); 5 haya leído (perfect),
hubiera/hubiese leído (pluperfect).

Exercise 14.2

1 No creo que Luis haya conseguido el trabajo en Colón. 2 No me dijiste que Danixa hubiera/hubiese organizado la fiesta. 3 Me alegro de que Lucho haya marcado dos goles. 4 Nos encantaba que Laura se hubiera/hubiese enamorado de nuevo. 5 Esperamos que Priscilla haya organizado otra reunión.

Exercise 14.3

Me alegro mucho de que os hayáis decidido (1) a venir a vernos el mes que viene y que hayáis encontrado (2) a alguien que se pueda quedar con vuestro perro esa semana. Dudábamos que hubierais podido (3) venir una vez que empezaran las obras para la cocina nueva pero no creemos que la obra haya empezado (4) para las fechas que decís. Es posible que cuando vengáis hayamos vaciado (5) ya la cocina ¡pero nos las arreglaremos como podamos para las comidas!

Exercise 14.4

Nosotros también nos alegramos de que hayamos conseguido (1) arreglarlo todo para poder ir a veros ya que también dudábamos que hubiéramos podido (2) ir si no hubiésemos encontrado (3) a alguien que cuidase a Matilda esa semana. ¡Es una suerte que hayamos encontrado (4) billetes de avión tan baratos para esas fechas y que vosotros hayáis podido (5) coger unos días de vacaciones para entonces también.

Exercise 14.5

Muchos paraguayos piensan que sin la nueva constitución de 1992, la lengua guaraní nunca hubiera/hubiese llegado (1) a ser una de las lenguas oficiales del país y se alegran de que esta lengua haya adquirido (2) importancia incluso en la reforma de la educación del país. Es probable que, sin la constitución de 1992, la lengua guaraní hubiera/hubiese perdido (3) importancia en Paraguay y con el tiempo se hubiese/hubiera olvidado (4) en muchos sectores de la población ya que el castellano se habría impuesto en todos los organismos oficiales.

Es importante que en los países donde se hable (5) más de una lengua haya (6) políticas que defiendan (7) la herencia lingüística de sus ciudadanos y que todas las lenguas coexistan (8) al mismo nivel como lenguas oficiales.

Unit 15: The conditional and the conditional perfect

Exercise 15.1

1 cantaría (conditional), habría cantado (conditional perfect); 2 querríamos (conditional), habríamos querido (conditional perfect); 3 pondría (conditional), habría puesto (conditional perfect); 4 beberían (conditional), habrían bebido (conditional perfect); 5 viviríais (conditional), habríais vivido (conditional perfect); 6 podrías (conditional), habrías podido (conditional perfect); 7 conducirían (conditional), habrían conducido (conditional perfect).

Exercise 15.2

1 Guadalupe dijo que Begoña jugaría al tenis. 2 Julia dijo que Rafael vendría a la playa. 3 Carmen dijo que Mayte no pasaría dos meses en Inglaterra. 4 Juan dijo que Arancha e Iciar estarían en Nueva York el lunes. 5 Luis dijo que Marta y José habrían llegado ya a Bogotá. 6 Pedro dijo que Susana y Lucía habrían comido para entonces.

Exercise 15.3

1 Nosotros estaríamos todavía en la reunión cuando Marisol vino. 2 Serían las siete de la tarde cuando Elena salió de la oficina. 3 Habrían comprado ya la casa cuando se jubilaron. 4 Jaime habría bebido demasiado cuando tuvo el accidente. 5 Ana trabajaría de modelo cuando llegó a Madrid.

Exercise 15.4

1 ¿Podría llamar a Pedro, por favor? 2 ¿Lo tendrían en rojo? 3 ¿Se lo habrías dicho? 4 ¿Lo habría comprado? 5 ¿Vendríais con nosotros? 6 ¿Podrías ayudarme, por favor? 7 ¿Habríais ido a esa reunión?

Exercise 15.5

Los garífunas estarían (1) dispuestos a mantener conversaciones con el presidente del gobierno hondureño en los próximos días. En la reunión de la próxima semana, sus representantes querrían (2) poner las bases para un diálogo abierto que permitiera (3) posteriores conversaciones y negociaciones con el gobierno. Según nuestras fuentes, los garífunas pedirían (4) al presidente respeto por su cultura y su forma de vida y le presentarían (5) un informe de la Comisión de Derechos Humanos donde se exponen sus necesidades.

Unit 16: Conditional sentences

Exercise 16.1

1 Si sales, compra el periódico. 2 Si vamos, María viene con nosotros. 3 Si trabajamos más, ganamos más dinero. 4 Si Vicente hace una fiesta, iremos. 5 Si te pones enfermo, no podrás volar.

Exercise 16.2

1 Compraríamos la casa si tuviéramos/tuviésemos dinero. 2 Si Juan llamara/llamase a tiempo, podría venir en nuestro coche. 3 No tendrías problemas si lo hicieras/hicieses de esta manera. 4 Si fueras/fueses a estar en la oficina, te mandaría un fax. 5 ¿Vendrías si te lo pidiera/pidiese? 6 ¿Le ayudarías si tuviera/tuviese problemas? 7 Si Argentina ganase/ganara el mundial, ganaríamos la apuesta.

Exercise 16.3

1 Si me lo traes, te lo arreglo. 2 Lo haría si pudiera. 3 Estaré en tu casa a las siete si acabo antes de las seis. 4 Si ganara la lotería, me compraría un coche. 5 Estudia español si quieres vivir en Cuba.

Exercise 16.4

1 Hubiera/habría mandado el fax si hubiera/hubiese estado en la oficina. 2 La habría/hubiera llamado si hubiera/hubiese hablado chino. 3 Habrían/hubieran estudiado si hubieran/hubiesen querido. 4 ¿Habrías/hubieras cantado si hubieras/ hubieses tenido voz? 5 Habríamos/hubiéramos ido a vuestra casa si nos hubiérais/hubiéseis invitado. 6 Habrían/hubieran hablado con Juan si le hubieran/hubiesen conocido.

Exercise 16.5

Tengo un amigo que se comporta como si fuera (1) millonario, como si no tuviera (2) que trabajar para vivir. Si alguien le llama (3) a su casa, siempre está descansando o ha salido con sus amigos pero si no trabaja, ¿de dónde consigue (4) el dinero para vivir? Su hermano me ha dicho que tiene negocios en internet y debe ser cierto porque si no trabajara en nada no podría (5) tener el coche deportivo que conduce. La verdad es que a mi no me importa si trabaja (6) o no pero preferiría que no actuara como si los demás fuéramos (7) tremendamente aburridos por tener un trabajo de oficina.

Exercise 16.6

1 Si Ud cree que la salsa es música española, está equivocado porque la salsa está clasificada como música latina. 2 Si la salsa no hubiera/hubiese nacido en Nueva York, probablemente se habría inventado en Cuba. 3 Si no te gusta mover la cadera, no puedes bailar salsa bien. 4 Si la salsa es vibrante es porque expresa ritmos caribeños. 5 La música latinoamericana no habría sido tan conocida en el mundo si no se hubiera/hubiese puesto de moda bailar salsa. 6 Si no se utilizaran/utilizasen instrumentos de percusión, la salsa no tendría tanto ritmo. 7 Si tuviera buena voz, cantaría salsa. 8 Si pudiera hacer realidad un sueño, bailaría en un escenario con Ricky Martin.

Unit 17: Indefinite expressions

Exercise 17.1

1 No me importa que me destinen fuera de Madrid, dondequiera que tenga que vivir, seré feliz. 2 Me da igual si es verde o azul, compra cualquiera de los dos. 3 ¡El teléfono no ha dejado de sonar! Quienquiera que llame esta tarde, dile que no estoy. 4 Cuandoquiera que venga, será demasiado tarde par ir al cine. 5 Sigue sin entenderlo comoquiera que se lo explique.

Exercise 17.2

1 Dondequiera que vaya Vicente siempre encontrará amigos/Vicente siempre encontrará amigos dondequiera que vaya. 2 Quienquiera que se lo diga nunca hace caso/Nunca hace caso quienquiera que se lo diga. 3 Comoquiera que se lo pregunte su respuesta es siempre la misma/Su respuesta es siempre la misma comoquiera que se lo pregunte. 4 Cuandoquiera que venga tenemos que esperarle/Tenemos que esperarle cuandoquiera que venga. 5 Cualquiera que elija será un buen regalo/Será un buen regalo cualquiera que elija.

Exercise 17.3

1 Cuando trabajaba con su padre, siempre se quedaba en los mejores hoteles viajara/viajase donde viajase/viajara. 2 Como empezó el informe a las doce de la mañana, ya se le había hecho tarde acabara/acabase cuando acabase/acabara. 3 Como no prestó atención a las explicaciones, estaba mal lo hiciera/hiciese como lo hiciese/hiciera. 4 Como estaba roto, lo tenía que arreglar lo comprara/comprase quien lo comprase/comprara. 5 El año pasado Mario llamaba estuviera/estuviese donde estuviese/estuviera.

Exercise 17.4

1 Quienquiera que lo haya dicho, es incorrecto. 2 Cualquiera de ellos es bueno para nuestro fin. 3 Cualesquieran que fueran los problemas, Rocío siempre encontraba una solución. 4 Quienesquiera que sean, los culpables serán castigados. 5 Puedes traer cualquier diccionario al examen. 6 No vengas con pantalones a la fiesta. Ponte cualquier falda larga que tengas. 7 Cualesquieran que sean las excusas, la verdad es que me has decepcionado.

Exercise 17.5

1 Por mucho que insistiera, no consiguió que Lola fuera a la cena. 2 Por más que me lo pida, no le voy a dejar mi coche este fin de semana. 3 Por muchos libros que compren, no aprobarán si no se los estudian. 4 Por más que comiéramos, no engordábamos. 5 Por mucho que se queje, no va a conseguir nada. 6 Por muchas cartas que escribieran, no lograron que el director les recibiera. 7 Por poco que te guste, Marisa vendrá de vacaciones con nosotros. 8 Por poco dinero que tuvieran, siempre conseguían comprar lo que necesitaban los niños.

Exercise 17.6

1 Diga lo que diga, no voy (a ir) a Quito el lunes. 2 Pase lo que pase, siempre puedes contar conmigo. 3 No me importa, dame lo que sea. 4 Cualquiera puede jugar al fútbol. 5 Por mucho que insistan no lo haré. 6 Puede preguntar a cualquiera. 7 Dondequiera que vayamos, seremos felices/Vayamos donde vayamos seremos felices. 8 Fuera/Fuese la que fuera/fuese la respuesta, sabía que (la) entendería/ Fuera/Fuese la respuesta que fuera/fuese, sabía que (la) entendería.

Exercise 17.7

~~Quienquiera~~/Dondequiera (1) que vivieran, los aztecas eran una de las culturas amerindias más desarrolladas y cualquiera/~~comoquiera~~ (2) que fuese su clase social, los aztecas educaban a sus hijos.

Dondequiera/~~Cualquiera~~ (3) que fuesen cultivaban maíz, tabaco, fruta y chiles. Los aztecas tenían leyes muy severas en su sociedad. La embriaguez, por ejemplo, era considerada un delito para cualquiera/~~comoquiera~~ (4), independientemente de su clase social y las mujeres que cometían adulterio, fueran quien fueran/~~estuvieran quien estuvieran~~ (5), eran castigadas con la pena de muerte.

Unit 18: Relatives

Exercise 18.1

1 Ayer estuve hablando con aquel matrimonio que conocí en Buenos Aires. 2 Te prometo que le he pagado todo el dinero que le debía. 3 No me acuerdo de lo que le dije en aquella reunión. 4 La película de la que nos hablas parece divertida. 5 Los negocios de los que me hablaste no fueron muy buenos. 6 Las pelotas con las que jugamos están en ese armario. 7 Está intentando acordarse de lo que estudió en ese curso de informática. 8 La chica de la que me hablaste ha venido a una entrevista. 9 No te he dado el libro que a mí me gusta. Te he dado el que me pediste.

Exercise 18.2

1 Lola redactó todos los informes cuyo objetivo era la paz para Oriente Medio. 2 Estas directrices, cuyas finalidades son conseguir mejores beneficios y disminuir el gasto en la empresa, entrarán en vigor el mes que viene. 3 Hay muchas personas en mi pasado cuyos nombres no recuerdo. 4 Las personas cuyas casas fueron destruidas por el terremoto recibirán ayudas estatales. 5 Ésta es la niña cuya madre murió en el accidente del lunes pasado. 6 Salamanca fue la única ciudad en el viaje cuya catedral nunca visitamos. 7 Me gustan los hoteles cuyos comedores tienen vistas al mar. 8 Estos son los edificios cuyas obras finalizarán el mes que viene.

Exercise 18.3

Quiero encontrar un hombre educado y de buena presencia (1) que quiera empezar una nueva relación. Yo soy una mujer de mediana edad (2) que trabaja mucho, pero (3) que sabe también sabe disfrutar de la vida. Tengo dos hijos, los (4) cuales ya son mayores, pero vivo sola. Mi hombre ideal sería un hombre para el (5) que el viajar fuera una de sus pasiones y con el (6) que pudiera pasar semanas interminables bajo el sol ya que tengo una casa en Marbella en la (7) que paso largas temporadas. Si crees que yo soy la mujer (8) que necesitas o si crees que puedes ser el hombre (9) que me haga feliz, por favor escríbeme al apartado de correos 333654 ¡y mándame una foto en la (10) cual estés guapo!

Exercise 18.4

Las Meninas es uno de los cuadros más famosos de Velázquez y la pintura más grande que/~~la cual~~ (1) hizo. La pintura, ~~la que~~/la cual (2) fue terminada en 1656, era una de las favoritas de la familia real. El cuadro debe su nombre a las dos mujeres que/~~cuales~~ (3) acompañan a la infanta y ~~que~~/cuyas (4) figuras aparecen en primer plano. El pintor, ~~que~~/cuyo (5) autorretrato también aparece en la obra aunque en un segundo plano, alcanzó la perfección de su técnica en esta pintura por la forma en la cual/~~lo que~~ (6) representa la luz y el aire – ~~la cual~~/lo que (7) en términos pictóricos es conocido como la « perspectiva aérea » – y de la cual/~~cuya~~ (8) se le puede considerar su indudable maestro.

Exercise 18.5

Dice la leyenda que la mujer Xtabay es una mujer hermosa que (1) suele agradar al viajero que (2) por las noches se aventura por los caminos del Mayab. Sentada al pie de la más frondosa ceiba que (3) hay en el bosque, la mujer Xtabay atrae al viajero con cánticos y con frases dulces de amor, las cuales (4) lo seducen, lo embrujan y cruelmente lo destruyen.

Muchas gentes que (5) no conocen el origen verdadero de la mujer Xtabay, han dicho que es hija de la ceiba, lo cual/lo que (6) no es verdad ya que la auténtica tradición maya dice que si la Xtabay aparece junto a las ceibas es porque este árbol es sagrado y los hombres que (7) se acogen bajo sus ramas lo hacen confiados en su protección.

La Xtabay no es una mujer mala, la cual (8) destruye a los hombres después de atraerlos con engaños al pie de las frondosas ceibas, sino que lo que (9) destruye a los viajeros puede ser otro de esos malos espíritus que (10) rondan por la selva al acecho de los peregrinos que (11) cruzan esos caminos aún poblados de superstición y de leyenda.

Unit 19: *por* **and** para

Exercise 19.1

1 Te lo dice por tu bien. 2 Fue a Buenos Aires por Madrid. 3 ¿Para quién era el regalo? 4 ¿Por dónde vas a la oficina? 5 Te lo vendo por 100 pesos. 6 ¿Para cuándo lo necesitas? 7 Estudio para ingeniero. 8 Lo necesitaba para hoy. 9 Gracias por venir. 10 Corro por ese parque todas las mañanas.

Exercise 19.2

1 Te lo mando por/~~para~~ avión. 2 Juan y Marta salen ~~por~~/para Perú el martes por/~~para~~ la mañana. 3 El parque Güell de Barcelona fue diseñado por/~~para~~ Gaudí. 4 En Cancún paseábamos por/~~para~~ la playa todos los días. 5 ¿Me puede enviar el documento por/~~para~~ fax? 6 He comprado esta casa por/~~para~~ muy poco dinero. 7 Rafael, aunque es muy pequeño, lee muy bien ~~por~~/para su edad. 8 Esas flores son ~~por~~/para Loreto. 9 Ese café es ~~por~~/para Mario. 10 Brindemos por/~~para~~ los novios.

Exercise 19.3

Fui a Costa Rica hace tres veranos por (1) curiosidad. Había leído en internet que es uno de los mejores sitios del planeta para (2) ver tortugas ¡y a mi me encantan las tortugas! Por (3) suerte, encontré una página web que tenía viajes organizados para (4) voluntarios por (5) muy poco dinero. Lo organicé todo en una semana y ¡para (6) allá que me fui, yo sola, con mi mochila y mi tienda de campaña! Trabajé durante cuatro semanas para (7) una ONG. Mi trabajo era vigilar la playa por (8) la noche para (9) que nadie robara los huevos que ponían las tortugas. Por (10) la mañana dormía y después de comer paseaba por (11) el pueblo con la gente que conocí.

Exercise 19.4

1 Este regalo/presente es para mi madre. 2 Lo quiero para mañana. 3 Llegaré para las cuatro. 4 Mario y Lola viajaron por toda Guatemala. 5 Lo perdió por aquí/acá. 6 Para mí, esto es el final/fin. 7 (El) beber no es bueno para Javier. 8 Luchan por la libertad. 9 ¿Tienes tiempo para un café? 10 Te cambia su (teléfono) móvil/celular por tu MP3.

Unit 20: Position of adjectives

Exercise 20.1

1 Ángel tiene un coche <u>rojo</u> (R). 2 La <u>suave</u> (NR) brisa acaricia mi rostro. 3 Quiero el pantalón <u>marrón</u> (R). 4 Laura es una chica <u>panameña</u> (R). 5 Los <u>valientes</u> (NR) soldados ganaron aquella batalla <u>sangrienta</u> (R). 6 Los conquistadores <u>españoles</u> (R) llevaron a América sus <u>diferentes</u> (NR) costumbres. 7 La población <u>indígena</u> (R) hablaba lenguas <u>amerindias</u> (R). 8 Las lenguas <u>bozales</u> (R) tuvieron un <u>importante</u> (NR) papel en el desarrollo del español de América.

Exercise 20.2

Restrictive: norteamericanas, cultural, rojos, urbanos.
Non restrictive: largo, impresionante, altos, majestuosos, mayor, primer, gran, pintorescos.

Exercise 20.3

1 Se vendieron los bonitos cuadros de la exposición. 2 Pidieron un vino barato. 3 Aprobaron todos los exámenes difíciles. 4 Analizaron las terribles consecuencias de la guerra. 5 Le he comprado unos zapatos rojos. 6 Tenían libros interesantes en las estanterías. 7 Tenían grandes planes para su nueva casa. 8 Les pedimos los programas nuevos para el ordenador.

Exercise 20.4

1 Marta se llevó los libros viejos. 2 El día se llenó con largas reuniones y llamadas a clientes. 3 Compraron toda la mercancía rebajada. 4 Escuchamos todas las interesantes charlas de los ponentes. 5 Las vacaciones estuvieron llenas de duro trabajo. 6 ¿Te llevaste las fotografías antiguas de nuestra familia? 7 ¿Te llevaste las antiguas fotografías de nuestra familia? 8 Me gustan las tiendas de ropa baratas. 9 Por fin había llegado a aquella difícil conclusión. 10 Nos contaron los dramáticos sucesos cuando volvieron.

Exercise 20.5

1 Me gustan las bicicletas rosas. 2 No le gustaron nuestros viejos/antiguos libros. 3 Les gustará tu deliciosa cena. 4 Admiraron los magníficos edificios de Madrid. 5 No nos gusta la comida mexicana. 6 No le gusta este vino tinto 7 ¿Le gusta la literatura latinoamericana? 8 Te gustará mi simpática familia.

Exercise 20.6

Aunque en Latinoamérica existieron algunos ~~indios~~ **esclavos indios** (los Caribes), la condición de esclavo fue aplicada más a la ~~africana~~ **población africana**. La ~~española~~ **Corona española** decidió no esclavizar a los indios, que fueron declarados libres, pero no esclavizaron a los africanos. Por entonces ya existían ~~negros~~ **esclavos negros** en casi todas las ~~costeras~~ **ciudades costeras** de España y hasta en la misma ~~española~~ **corte española**.

Los africanos fueron así ~~forzosos~~ **emigrantes forzosos** a América. Se les cazaba como a animales o se les compraba en los ~~esclavistas~~ **mercados esclavistas** africanos, transportándoles luego al **Nuevo Mundo** ~~Nuevo~~, donde eran vendidos como cualquier otra mercancía. El ~~esclavista~~ **negocio esclavista** es uno de los **grandes errores** ~~grandes~~ de la civilización occidental y en el que están implicados tanto los países que los vendieron como los países que compraron a dichos esclavos.

GLOSSARY OF GRAMMATICAL TERMS

adjective   a word which describes the characteristics or attributes of a noun, e.g. **un coche <u>verde</u>, una cara <u>bonita</u>**

adverb   a word which gives more information about the action of a verb, telling us how, when or where the action occurred, e.g. **rápidamente, despacio, ayer**

antecedent   a word which has been mentioned before – usually used in the context of relative pronouns referring back to the 'antecedent'. Example: **<u>Una casa</u> que tiene persianas verdes** – **una casa** is the antecedent referred to by **que**

auxiliary verb   a verb which is used in conjunction with another and not in its own right, usually to form a different tense, e.g. **<u>hemos</u> estudiado, <u>han</u> visto**

comparative   a way of comparing two adjectives or adverbs, e.g. **<u>más</u> alto que ...**

conditional (tense)   when the action of the verb is dependent on another action having taken place, e.g. 'I <u>would go</u> if I had the money'

conjunction   a word or expression used to join two parts of a sentence, e.g. 'I will wait <u>until</u> you return'

definite article   used with a noun to indicate that a particular noun is being referred to, e.g. **<u>el</u> vecino** (as opposed to **<u>un</u> vecino**)

demonstrative adjective   used with a noun to identify that noun in particular, as opposed to other similar ones, e.g. **<u>este</u> libro, <u>esa</u> gente**

demonstrative pronoun   used to replace a demonstrative adjective when the context makes clear what is being referred to, e.g. **¿prefieres <u>estos</u> o <u>aquellos</u>?** (when both speakers know what 'these' and 'those' refer to)

direct object   the person or thing being directly affected by the action of the verb, e.g. **bebió <u>el vino</u>**

imperfect (tense)   used to describe repeated, habitual or on-going actions in the past, e.g. **hacía calor** (it <u>was</u> sunny), **nadábamos** (we <u>used to go swimming</u>).

imperative   a command form of the verb – telling somebody to do something, e.g. 'open the door'. Can also be indirect, almost a 'command' to oneself or a 'wish'. Examples: 'may he rest in peace', 'let's not worry about it'.

indefinite article   used with a noun when the speaker either does not know or does not want to specify which particular noun is being referred to, e.g. **<u>una</u> casa con persianas verdes**

indirect object   the person or thing less directly affected by the action of the verb, usually indicates 'to' or 'for' whom or what the action is being performed, e.g. **le compró un regalo <u>a su madre</u>** ('he bought <u>his mother</u> a present' or 'he bought a present <u>for his mother</u>')

infinitive   the form of the verb found in the dictionary before the ending has been modified in any way to indicate tense or person, English 'to . . .', e.g. to run, to eat.

interrogative   a word introducing a question, e.g. **¿Qué? ¿Dónde?**

gender   all nouns are classified as either masculine or feminine in Spanish, whether they refer to animate or inanimate objects, this is their 'gender', e.g. **la mesa** (feminine), **el coche** (masculine)

gerund   an invariable part of the verb corresponding to the English -ing, indicating an on-going action e.g. **corriendo** ('running'), **saltando** ('jumping')

noun   the name of a person, place, or object

passive   a use of the verb in which the action is performed on the subject by another agent, often introduced with 'by', e.g. 'He (subject) was bitten **by** the dog'

past participle   an invariable part of the verb used to form the perfect and pluperfect tenses (and other compound tenses), e.g. **He <u>comprado</u>** ('I have <u>bought</u>'), **habíamos <u>dicho</u>** ('we had <u>said</u>')

perfect (tense)   a past tense formed with the present tense of the verb **haber** ('to have') and the past participle of another verb, corresponds to the English 'has/have (done)', e.g. **hemos comido** ('we have eaten'), **han llegado** ('they have arrived')

pluperfect (tense)   a past tense formed with the imperfect tense of **haber** and the past participle, corresponding to the English 'had (done)', e.g. **habíamos escrito** ('we had written'), **había contestado** ('I had answered')

possessive adjective   used with a noun to indicate the owner of that noun, e.g. **<u>mi</u> amigo** ('<u>my</u> friend'), **<u>su</u> casa** ('<u>your</u> house')

possessive pronoun   used to indicate possession when the noun is not mentioned but both speakers know what is being referred to, e.g. **Este es <u>mío</u> no <u>tuyo</u>** ('this is <u>mine</u> not <u>yours</u>')

preterite   simple past tense, corresponding to English 'I went', 'he saw', etc.

pronoun   a short form replacing a noun when the speakers know what or who is being referred to, e.g. **<u>El</u> <u>lo</u> cogió** ('<u>he</u> took <u>it</u>')

radical changing   refers to verbs which have a spelling change in their stem, i.e. the part of the verb before the endings indicating person or tense are added

reflexive   referring back to the subject of the action, e.g. **<u>me</u> lavaba** ('I was washing <u>myself</u>')

relative pronoun   refers back to a preceding noun – usually **que**, but can also be a form of **quien** or **el cual/la cual**, etc.

subject   the person or object carrying out the action of the verb, e.g. **<u>Juan</u> condujo el coche** ('<u>John</u> drove the car'), **<u>los niños</u> rompieron la ventana** ('<u>the boys</u> broke the window')

subjunctive   a mood rather than a tense of a verb. It usually indicates that the action of the verb may or may not take place – i.e. it is uncertain or contrary to fact

superlative   a way of describing the biggest/best/most extreme, e.g. **el edificio <u>más grande del</u> mundo** ('the <u>tallest</u> building <u>in</u> the world')

verb   a word describing an action or a state, e.g. **Juan <u>bebe</u> vino** ('John <u>drinks</u> wine'), **los niños <u>están</u> contentos** ('the children <u>are</u> happy')

INDEX